KB235628

직장생활 잘하는 대화법

직장생활 잘하는 대화법

직장생활 잘하는 대화법

한시민 지음

레몬북스
lemon books

CONTENTS

CHAPTER 7

긍정적인 사고로 사람을 움직여라

CHAPTER 8

기회를 살려 스스로 미래를 만들어라

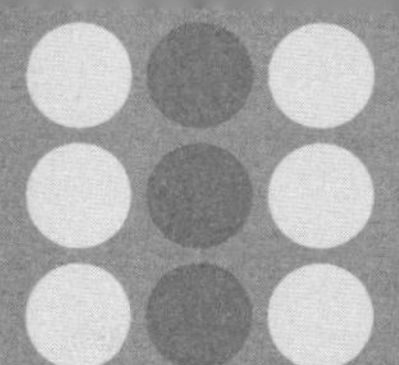

대화술, 직장인의 필수 능력이 되다

1
주관적인 느낌을
전달하는 말

일반적으로 우연히 발생한 하나의 사건에 대해 사람마다 갖는 느낌은 다르다. 그러니 말을 통해 표현되는 것은 주관적이게 마련이다. 그래서 하나의 동일한 사건을 놓고, 그 사건의 본질과 자신이 경험한 사건 사이에 갭이 존재하기도 한다. 객관적 사실을 명확하게 설명해주는 숫자 등의 데이터에 비해 말은 사람의 심리적인 상태를 보여주는 데 더 무게중심이 쏠려 있기 때문이다.

분명 말은 마음속의 상태를 표현하는 도구다. 마음속의 상태는 절대로 객관화할 수 없다. 따라서 말로 표현되는 의중은 자로 잰 듯 깔끔하게 정형화된 형태가 될 수 없다. 즉, 객관적으로 관찰한 사건과 자신의 마음이 한데 뒤섞여 모호한 경계를 만들어내는 것이다. 그래서 사람들은 대화를 하면서 오해의 소지를 그토록 유발하는 것이다. 그뿐만 아니라 때때로 관찰한 내용을 사실과 다르게 표현하기도 한다.

그러므로 어떤 사건을 관찰한 후 설명할 때는 할 수 있는 한 사건의 본질이 훼손되지 않도록 주의를 기울여야 한다. 즉, 사건의 본질과 그것을 경험할 때 발생한 자신의 느낌을 확실히 구별하여 객관적 시각을 유지할 수 있도록 노력해야 하는 것이다.

같은 맥락으로, 다른 사람에게 제공받은 정보를 올바르게 평가하려면 실제의 정보 내용을 자신의 감정에 얽매이지 말고 정확하게 분석해야 한다.

POINT ZONE

다른 사람에게 제공받은 정보를 올바르게 평가하려면 실제의 정보 내용을 자신의 감정에 얽매이지 말고 정확하게 분석해야 한다.

2

객관적 판단을
흐리지 않는 방법

객관적 판단의 유지를 위해서는 다섯 가지 원칙을 견지해야 한다.

첫째, 어떤 기대를 앞세우지 않는다.

사람들 중에는 주변에서 일어나는 모든 일들이 자신의 생각대로 되지 않을까 봐 안달하는 이가 있다. 자신에게 마이너스로 작용할 나쁜 일이 절대 일어나지 않기를 희망하는 다소 순진한 이도 있다.

이런 사람들은 자신의 기대에 어긋나는 일이 발생하면 누군가가 고의로 그렇게 만들었다고 지레 판단해버리는 성향이 있다. 당연히 자신에게 이익을 가져다줄 어떤 일이었는데, 다른 사람의 훼방 탓에 일을 그르쳤다고 믿는 것이다.

살다 보면 나 자신에게 불리한 나쁜 일이 우연히, 그것도 다 반사로 일어난다. 그게 세상 이치다. 그러나 이들은 살면서 조우하게 되는 안 좋은 일들을 도저히 순리로 받아들이지 못한다.

이런 성향을 없애려면 우선 스스로에게 묻고 답하는 습관을 길러야 한다. 즉, 다른 사람을 판단하거나 비판하기 전에 나 자신이 상대에게 무엇을 기대하고 있는가를 솔직히 자문하고 자답하는 것이다. 만약 기대하는 것들이 있다면 정직하게 인정하고 그 의존적인 마음가짐을 접어야 한다. 그러면 상대방에게 원하기만 하려는 성향에서 벗어날 수 있다.

한편, 상대방에게 내 생각을 납득시키려면 어떻게 해야 할까? 이 역시 상대가 어떤 반응으로 다가오길 기대하는지, 또 그런 반응을 기대하는 이유가 무엇인지를 스스로 따져본다. 이런 식으로 자문에 자답을 하다 보면 내 생각을 상대에게 어떻게 납득시킬 것인지, 어떤 방식으로 표현하는 게 가장 좋은 방법인지를 자연스럽게 궁리하고 최선책을 도출할 수 있다.

둘째, 정보 상태가 어떤지를 확실히 따진다.

상대방으로부터 정보를 얻게 되었을 때 그 상태를 명확히 파악하려는 자세를 가져야 한다. 즉, 이 정보가 '전해준 사람의 주관적인 감정이나 경험 때문에 달라진 것은 없는가?'를 염두에 두고 습득한 정보를 다각적으로 철저히 검증해야 한다.

셋째, 사물의 가치를 섣불리 단정하지 않는다.

사람들은 사물이나 현상을 있는 그대로 받아들이지 못하는

습성을 가지고 있다. 그래서 어떤 대상과 마주할 때 그것의 성
질을 긍정 혹은 부정으로 갈라 단정해버린다. 이를테면 강한지
약한지, 경제적인지 비경제적인지, 총명한지 아둔한지, 정직한
지 부정직한지, 잘될 것인지 안 될 것인지 등등으로 말이다. 이
는 대상을 있는 그대로 보지 않고 감정이라는 자신의 심리 필
터를 한 번 거쳐 한정적인 틀 안에 집어넣어 표현하는 것이다.

일반적으로 우리는 의식적으로든 무의식적으로든 범주라는
프레임 아래 생각을 정리하고 그것을 전달한다. 범주란 동일한
성질을 가진 부류나 범위를 의미한다. 다시 말해 성질이 다른
이것과 저것을 구분하는 경계선이다. 사람들은 자기 나름대로
의 경계선을 긋고 여기에 모든 현상을 대입하여 단정한다. 문
제는 그 범주의 경계가 대개 모호하다는 점이다.

이를테면 성공한 사람인가 불행한 사람인가, 좋은 사람인가
나쁜 사람인가 등의 극단적인 양자로 나누는데, 사실 이는 바
라보는 관점에 따라 얼마든지 달라질 수 있다. 이런 흑백논리
의 기계적인 시각은 사물을 제한적으로 판단하는 단순한 세계
관에 얽매이게 만든다.

세상 만물은 양극단에만 쏠려 있지 않다. 중간 영역에 위치
해 있는 것도 많다. 그러므로 어떤 대상의 속성이 거의 확정적
인 거라고 할지라도 그것의 반대 속성 혹은 또 다른 면이 없는
지, 있다면 그게 무엇인지 자문하고 자답해야 한다. 그래야 진
실에 더 가까운 가치를 찾을 수 있다.

　　어떤 사람이 새로운 상품에 대해 광고만 요령 있게 하면 잘 팔릴 것이라고 했다 치자. 이때 '잘 팔린다', '안 팔린다'만 놓고 따지는 일은 아무런 쓸데가 없다. 그보다는 다음과 같은 질문을 던져야 한다.

　　"잘 팔릴 것이라는 말은 어떤 뜻인가?"

　　"광고비가 얼마나 필요한가?"

　　"광고비를 투자할 만큼의 가치가 있는가?"

　　이러한 질문은 지출 광고비와 상품 판매율이 정비례한다는 생각의 오류를 잡아주고 더 나은 판매전략을 세우도록 만든다.

　　넷째, 미리 결정하지 말고 상황에 따라 결단을 내린다.

　　어떤 사람들은 특정한 상황 속에서 결단을 내리는 일을 몹시 싫어한다. 이들은 대개 일상생활에 어떤 규칙을 정해놓고 그것에 따라 움직인다. 이를테면 '전자제품은 A 회사 것만 구입한다', '가족 외식은 한 달에 네 번만' 하는 식으로 말이다.

　　이들은 특별한 상황이 발생했을 때 자신의 감정과 입장을 고려하여 올바른 결단을 내리지 않는다. 그보다는 그동안 익숙하게 해왔던 자기만의 양식을 안전한 길이라고 여기고 그 규칙대로만 한다. 그러다 보니 익숙하지 못한 상황 대처에서 종종 문제가 터진다. 그럼에도 불구하고 이들은 자신만의 규칙 속에서 움직이려는 생각을 버리지 못한다. 이는 어떤 상황을 개선하고 해결하는 데 아무런 도움이 안 된다.

예를 들어보자. 세일즈맨의 학력을 대학교 졸업 이상으로 못박은 A 회사가 있다. 이 회사에 능력이 뛰어난 경력자가 입사 지원서를 제출했다. 하지만 그는 대학교 2학년 때 중퇴했다. 당연히 A 회사는 그를 채용할 수 없었다. 결국 A 회사는 스스로 정한 규율에 얽매여 유능한 세일즈맨 한 명을 다른 회사에 뺏기고 말았다.

이처럼 한정된 방침만으로는 정형화되지 않은 현실의 예외적 상황을 해결할 수 없다. 혹여 기계적으로 해결했다손 치더라도 그 이면에 또 다른 문제가 야기될 뿐이다.

다섯째, 의견을 말할 때는 반드시 이치에 맞는 논거를 댄다.

사람들은 흔히 상대방이 갖고 있는 정보가 참인가 거짓인가를 논리적으로 따지기에 앞서, 그가 풍기는 인상에 따라 그 정보를 믿기도 하고 믿지 않기도 한다. 면접장에서 귀공자 타입의 얼굴을 갖고 있는 응시자가 그렇지 않은 응시자보다 유능하고 양심적이며 믿음직스럽게 보이는 게 그 일례다.

같은 맥락으로 사람들은 어떤 현상을 말할 때 명명백백하게 밝혀진 사실을 근거로 삼기보다는 자신이 품고 있는 막연한 이미지에 의존하려고 한다. 그만큼 사람은 이성보다는 감정에 지배를 받는다.

따라서 특정한 사안에 대해 상대가 의견을 말할 때 그의 감정이 개입되어 있다고 여겨지면, 그렇게 말하는 정확한 근거를 제시해달라고 요구할 필요가 있다. 상대가 즉각적으로 그 이유를 말하지 못하고 우물쭈물한다면, 그의 의견은 감정에 치우친, 신뢰할 수 없는 것으로 판단해도 좋다.

이는 내 상황에서도 마찬가지다. 상대에게 의견을 말할 때 나의 감정을 최대한 자제하고 이치에 걸맞은 논거를 제시해야 상대의 공감을 이끌어낼 수 있다. 내 의견을 말할 때 상대방에게 타당한 이유를 들 수 없다면, 나 자신의 태도를 곰곰이 반성해보아야 한다. 만약 감정에 치우친 의견 제시라면, 솔직하게 인정하고 고쳐나가도록 노력해야 할 것이다.

POINT ZONE

사람들은 어떤 현상을 말할 때 명명백백하게 밝혀진 사실을 근거로 삼기보다는 자신이 품고 있는 막연한 이미지에 의존하려고 한다.

3

먼저 주어야
받는다

훌륭한 세일즈맨의 무기는 화술뿐만이 아니다. 세일즈 고수는 자신이 동원할 수 있는 모든 것을 가지고 상대와 승부를 한다. 세일즈 고수는 고객에게 제공할 수 있는 것이 무엇인가를 살펴서 최대한 고객의 니즈를 충족시켜준다. 기브 앤 테이크, '주어야 받는다'는 진리를 확실히 깨닫고 있는 것이다.

경험이 많은 세일즈맨일수록 그는 결코 자기 상품을 파는 데 노심초사하지 않는다. 고객을 접대하면서 그것에 마음을 쓰면, 심리적 부담감에 치여 그 상품의 가치를 바르게 소개할 수 없기 때문이다.

미국 식료품 제조 회사 제너럴밀스의 전 회장 해리 불리스는 자기 회사 직원들에게 이런 얘기를 자주 들려줬다.

"매일 아침 '오늘이야말로 정말 판매고를 부쩍 올려야지'라고 다짐하지 말라. 그 대신 '오늘이야말로 손님들 편에 서서 그들이 흐뭇해할 수 있도록 많이 도와줘야지' 하는 결심을 하라. 그런 생각으로 일을 시작하면 고객 접근이 쉬워질 것이고, 자연히 판매 실적도 오를 것이다."

어떤 일에서든 긍정적인 결과를 얻기 위해서는 그 대상에 온 마음을 집중해야 한다. 마음을 주어야 하고 원하는 것을 먼저 내놓아야 한다. 좋은 성과를 이루고자 한다면 이 사전 과정을 간과해서는 안 된다.

나는 강연을 할 때, 연단에 서기 전 짤막한 기도를 한다.

"하느님, 여기 모인 사람들에게 도움이 될 말을 할 수 있도록 도와주세요."

청중에게 도움이 되기를 간절히 바라는 이 기도는 나를 열어놓는 준비 과정이다. 이 기도를 통해 나는 겸손의 마인드를 유지하고 청중에게 내가 줄 수 있는 모든 지혜를 줄 준비를 하는 것이다. 그러고는 청중에게 전할 것을 강연에 모두 풀어놓는다. 그렇게 청중을 만족시켜주고 나는 성공적인 강연의 결과를 얻는다.

POINT ZONE

> 어떤 일에서든 긍정적인 결과를 얻기 위해서는 그 대상에 온 마음을 집중해야 한다. 마음을 주어야 하고 원하는 것을 먼저 내놓아야 한다.

4
대화의 방향에
영향을 끼치는 감정

마케팅 담당부서의 이사와 영업부장의 대화를 들여다보자.

이 회사의 판매 구조는 생산한 제품을 도매상에 먼저 팔고, 그다음 소매상으로 물건을 파는 것이다.

그러나 지금 영업부장은 상품을 도매상뿐만 아니라 소매상에도 직접 파는 게 여러 면에서 회사에 도움이 된다고 판단하고 있다.

영업부장 : 소매상들이 도매상을 거치지 않고 직접 상품을 구입할 수 있게 해달라고 점점 압력을 가해오고 있습니다. 안 그러면 더 이상 우리 제품을 취급하지 않겠다는 겁니다.

이사 : 하지만 그렇게 되면 도매상이 들고 일어나지 않겠는가?

회사의 입장을 잘 이해시키는 일이 자네가 해야 할 일 아닌가?

영업부장 : 물론 그들을 이해시킬 수는 있습니다. 지금까지 우리 영업부 직원들은 최선을 다해 일해오고 있다는 것을 잘 아시잖습니까? 제가 부장이 된 후 회사를 그만둔 직원은 한 명도 없습니다.

영업부장이 은근히 자기 역량을 드러낸 것은 이 대화의 목적과 관계가 없는 것이다. 따라서 영업부장의 말에는 다른 욕심이 담겨 있음이다.

이사 : 자네가 직원들을 잘 관리한다는 것은 알아. 특히 우리 영업부 직원들이 잘하고 있지. 그런데 말이야. 무엇보다도 중요한 것은 때때로 무리한 요구를 해오는 소매상들을 확실하게 눌러두는 일이네. 그들은 매출액을 높여준다는 구실로 마구 밀어붙이려고 하거든. 우리가 조금만이라도 틈을 보인다면 그들의 손에 끌려다니는 꼴이 될 거란 말이지.

영업부장 : 그래서 지난달부터 직원들이 광고에 신경을 쓰고 있습니다. 소비자들의 구매 욕구를 자극하기 위해섭니다. 소비자들이 물건을 찾는데, 어쩌겠습니까? 물건을 갖다 주어야 겠지요. 소매상들은 제가 우리 회사의 판매 방침을 차근차근 설명하면 그 말에 수긍합니다.

영업부장은 부하 직원들의 노력을 인정하고 있다. 그런데 소매상들이 자신의 설명에 수긍한다는 표현은 직원들이 열심히 일하고 있다는 것을 보고하는 데 꼭 필요하지는 않다. 영업부장은 자신의 불안한 감정을 진정시키고, 스스로에게 앞으로 나아질 것이라는 암시를 하기 위해 사족을 붙이는 것이다.

이사 : 소매상들의 입장을 모르는 것은 아닐세. 그들도 돈을 벌려고 장사를 하는 것이니까 말이야. 하지만 사장님이 결재를 안 해주시니, 어쩌겠나? 현 상황을 유지하는 수밖에…….

이사는 소매업자들을 몰아붙인 것에 미안함을 느꼈기에 이처럼 말한 것이다.

영업부장 : 그렇다면 별 수 없지요. 뭐, 당분간 그들을 더 설득시키는 수밖에요. 그런데 이사님, 지난주 밤낚시에서 월척을 낚으셨다면서요?
이사 : 그 소문이 자네 귀에까지 들어갔나? 잘못했으면 낚싯대까지 물고 들어갈 뻔했지. 허허! 마침 점심시간도 되었으니 함께 나가서 생선이나 먹을 텐가?

흐뭇해진 이사는 자신의 기분을 드러내고 있다.

두 사람은 회사의 판매전략에 관한 이야기를 나누면서 때때로 자신의 감정을 끼워넣고 있다. 때문에 대화는 쓸데없이 길어졌고, 대화의 목적이 빗나가기도 했다. 이처럼 감정이라는 것은 대화 방향에 영향을 끼치기 때문에 조심해야 한다.

다만, 때때로 그 감정을 이용해서 상대의 마음을 구해야 할 때도 있다. 상대방에게 어떤 일에 대해서 사과할 때, 좀처럼 주제를 꺼내기란 어렵다. 그러다 보니 직접 관계가 없는 화제를 꺼내며 정작 언급해야 할 본론은 은근슬쩍 뒤로 미루기도 한다.

그러나 상대에게 사과해야 할 것이 있다면 반드시 그 부분을 먼저 정리하고 가는 게 좋다. "실은 사과의 말씀을 드리고자 오늘 찾아뵈었습니다" 하며 단도직입적으로 해야 할 이야기를 꺼내는 것이다. 이런 식으로 깨끗하게 나오면 대화 상대 누구나 그 이상 공격할 기분이 나지 않는다.

즉, 먼저 백기를 들어 강자가 약자에게 보일 수 있는 감정을 이용하는 것이다. 게다가 무엇보다 자기에게 불리한 것을 스스럼없이 말하는 자세는 상대방에게 성실함을 어필하고 신뢰감을 주어 결국 좋은 결과를 이끌 수 있다. 반대로, 세상 이야기 등으로 시간을 질질 끌며 사과에 대한 미적지근한 태도를 보인다면, 상대방에게 책임 회피의 인상을 주게 되고 당연히 나쁜 결과가 나오고 만다.

실수했을 때 우물쭈물 변명하는 태도는 작정하고 일을 망치겠다는 것과 다름없다. 자신에게 불리하더라도 잘못된 일을 사실로 인정하는 것은 좋은 결과를 위해 꼭 선행해야 할 태도다. 이러한 모습은 '이런 사람이라면 다시 한 번 기회를 줘도 되겠다'는 상대의 생각을 유도하기도 한다.

실수했을 때 우물쭈물 변명하는 태도는 작정하고 일을 망치겠다는 것과 다름없다. 자신에게 불리하더라도 잘못된 일을 사실로 인정하는 것은 좋은 결과를 위해 꼭 선행해야 할 태도다.

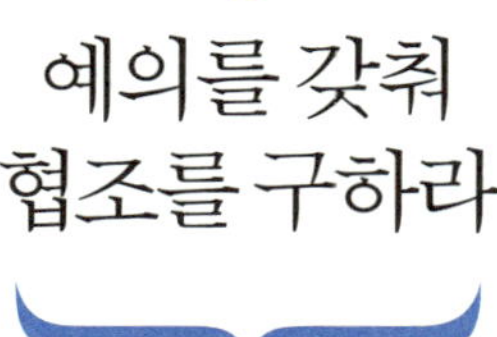

5
예의를 갖춰
협조를 구하라

정보 제공 등 상대의 협조를 이끌어내려면 대화 시 최대한 예의를 갖추어야 한다. 이는 단순히 정장을 차려입고 정중하게 말하라는 뜻이 아니다. 이제부터 예의 있게 말하는 방법들을 살펴보자.

첫째, 상대방에게 대화 목적을 분명히 밝힌다.

타인과 이야기할 때 그 대화 목적을 확실하게 말하지 않는 경우가 많다. 이는 사람들이 흔히 저지르는 실수 중 하나다. 그런데 이런 일이 반복되면 대화 상대는 '이 사람은 신용할 수 없다' 혹은 '나를 믿지 못하고 있구나!' 하고 생각한다.

이와 같은 생각은 '이 질문에 대답을 해주면 함정에 빠지는 거 아니야?' 하는 의심을 하도록 만든다. 결국 상대방은 경계심으로 방어벽을 치고 말수를 줄인다. 결국 상대방의 협조는커녕 아예 대화가 단절되는 결과를 초래한다. 따라서 대화를 할 때에는 상대에게 먼저 대화 목적을 충분히 밝혀두는 게 좋다.

둘째, 대화할 때는 교만한 태도를 경계한다.

특히 어떤 문제를 설명할 때 어린아이 다루듯 교만한 태도로 일관하면 상대방은 필시 자신을 무시한다고 생각할 것이다. 게다가 상대방에게 말할 기회를 주지 않는다면 그는 소외감을 넘어 불쾌해질 것이다.

셋째, 친절하고 공손한 태도로 상대를 대한다.

상대방의 관심을 끌거나 협조를 구하자면 흔히 기분 좋을 말을 모두 동원하려고 애쓰게 마련이다. 그러나 태도나 말투가 거칠다면 그 목적한 바를 이룰 수 없다.

타인과 대화할 때는 반드시 역지사지(易地思之)에 입각해서 이야기한다. '내가 이런 말을 듣는다면 어떤 기분일까?', '내가 이런 대접을 받는다면 어떨까?' 하는 식으로 자문해본다. 이렇게 대화 시 상대를 거스르는 언사를 삼간다면 상대방의 협조를 좀 더 쉽게 이끌어낼 수 있을 것이다.

넷째, 상대의 대화 의도를 정확하게 이해한다.

사람들은 대화를 나눌 때 이야기의 주제와 내용을 일목요연하게 표현하고 싶어 한다. 동시에 상대방 역시 일관성 있게 말주길 원한다. 물론 이것은 매우 어려운 대화법이다. 사람의 생각은 이성과 감성을 동시에 넘나들기 때문이다. 중요한 것은 그것이 이성적 대화이든 감성적 대화이든 간에 그 말에 귀를 기울여야 한다는 점이다.

상대가 나에게 하는 말 속에 그가 원하는 의도가 있을 것이다. 따라서 그의 감정을 위로하거나 인정하기 위해 적절한 말을 준비하는 자세도 필요하다. 혹여 대화 시 상대방이 주제에서 벗어난 말을 하고 있어도 그의 잘못을 지적하지 않도록 주의한다. 그런 것을 꼬집는 것보다는 상대방이 더 많은 이야기를 하게 만듦으로써 그의 의도를 알아내는 게 더 중요하다. 상대의 의도에 관심을 기울이지 않는 대화는 의미 없는 빈껍데기의 수다일 뿐이다.

이제 아버지와 열두 살짜리 아들의 대화를 들여다보자.

아버지 : 어디, 성적표 좀 보자꾸나. 음, 성적이 많이 떨어졌구나.

아들 : 열심히 했는데도 성적이 떨어졌어요.

아버지 : 정말? 아빠가 보기엔 공부보다는 노는 데 더 열심이었던 것 같은데? 그랬으니 성적이 좋을 리가 있겠어?

아들 : 아니에요, 아빠. 전 숙제도 꼬박꼬박 했고, 예습 복습도 착실히 했다고요. 지난주 일요일 아침에 아빠랑 등산을 가기로 했잖아요. 저는 등산을 다녀와서 저녁까지 공부를 해야겠다고 마음먹었어요. 저녁밥을 먹은 후에는 친구네 집에 놀러 가기로 친구랑 약속했고요.

아버지 : 등산 얘기는 갑자기 왜 꺼내니?

아들 : 아빠도 참! 한번 생각해보세요. 등산을 가려고 한 계획이 무너지니까 하루 동안의 계획도 뒤죽박죽이 되지 않겠어요? 저는 친구들이 과학도서관에 함께 가자는 것도 싫다고 했거든요.

아버지 : 애, 등산을 못 간 것은 정말 미안하게 생각한단다. 아빠는 토요일 늦게까지 일하느라 너무너무 피곤했거든. 네가 등산을 못 간 것이 속상해서 공부가 안 되었다면 아빠가 사과해야지. 이해해주렴.

아들 : 맞아요, 아빠. 그 생각이 자꾸 떠올라 숙제도 간신히 했어요.

아버지 : 그래? 그럼 이번 일요일에는 아침 일찍 산에 가자꾸나.

아들 : 와, 정말이요?

아버지 : 그럼, 약속하지. 하지만 공부를 소홀히 한 건 잘한 일이 아니야. 아빠가 약속을 지키지 못해 미안하지만, 그래도 너는 공부를 열심히 했어야 하는 거야. 성적이 떨어지면 너도 기분이 안 좋잖니?

아들 : 네, 아빠 말씀이 옳아요. 더 열심히 노력할게요.

이 경우, 아버지는 대화의 폭을 넓혀 나가고 있다. 부자는 대화를 통해 서로의 생각을 더 잘 알게 되었다. 그는 아들의 주장이 정당하고 일관성이 있다고 인정함으로써 아들의 섭섭한 감정을 풀어주고 있다.

대화 시 상대방의 생각과 감정을 나 자신의 것처럼 소중히 여기고 있다는 태도를 상대에게 보여줄 때 진정한 소통이 이루어진다.

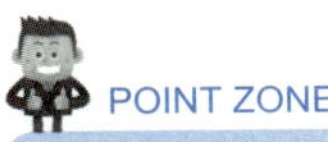

POINT ZONE

타인과 대화할 때는 반드시 역지사지에 입각해서 이야기한다. '내가 이런 말을 듣는다면 어떤 기분일까?', '내가 이런 대접을 받는다면 어떨까?' 하는 식으로 자문해본다. 이렇게 대화 시 상대를 거스르는 언사를 삼간다면 상대방의 협조를 좀 더 쉽게 이끌어낼 수 있을 것이다.

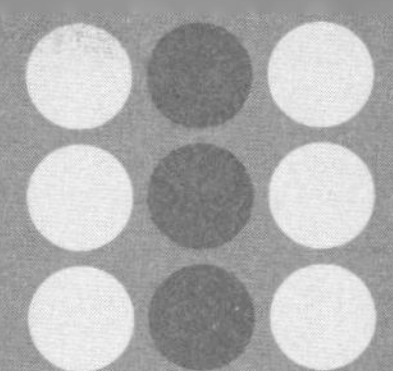

원활한 직장생활을 위한 대화의 기술

1
설득과 협상을 위한 소통의 법칙

세일즈맨의 임무는 고객의 마음을 움직여 자기 회사의 상품을 사도록 만드는 것이다. 그렇게 하려면 세일즈맨은 온갖 판매 기술을 총동원해서 고객의 구매욕을 부추겨야 한다.

세일즈의 좋은 방법으로는 이런 것들이 있다.

첫째, 상품의 장점을 차분히 설명하고 사용법도 직접 보여준다.

이는 고객의 상품 호감도를 높여주는 데 큰 도움이 된다.

둘째, 다른 회사의 제품과 비교해서 우수한 점이 더 많다는 사실을 강조한다.

다만, 세일즈맨이 고객의 구매 욕구를 불러일으키고자 지나치게 욕심을 부리다 보면 고객에게 억지로 상품을 강매하려 한다는 인상을 줄 수 있다. 이런 생각에 이르면 고객은 상품을 사고 싶은 마음이 싹 사라질 것이다. 상품의 품질마저 의심하면서 말이다. 이런 심리 상태에서 상품을 사겠다고 결심하는 사람은 거의 없다. 뭐든지 과유불급이다. 세일즈맨은 고객이 스스로 상품을 사야겠다고 마음먹는 데 도움을 준다는 느낌으로 고객을 차분히 이끌어야 한다.

어떤 세일즈맨이 고객의 마음을 읽어낼 수 있을 만큼 예민한 감각을 가지고 있다고 하자. 이 세일즈맨의 판매 실적은 회사에서 제일 높았을 수도 있다.

그러나 세일즈맨에게 이보다 더 중요하게 요구되는 것은 고객의 마음을 설득시키고야 말겠다는 끈질긴 인내와 집념이다. 물론 여기에 강압적인 냄새를 풍겨서는 안 된다. 이것은 무엇과도 바꿀 수 없는 빛나는 무기다.

고객을 설득시키기 위해서는 무엇보다도 첫 대면에서 좋은 인상을 주어야 한다. 앞서 말했듯 반감을 가지게 해서는 절대 안 된다.

세일즈 활동 시 상대의 이름을 부르는 횟수를 빈번히 하여 친밀감을 높이는 방법이 있다. 또 고객의 결혼기념일, 생일 등 특별한 날을 기억해두면 좋은 인상을 줄 수 있다. 티 나지 않게 물어 기록해놓았다가 그날이 오면 축하해주는 것이다. 그럴 때, 가능하다면 전화보다는 손으로 직접 쓴 편지가 성의 차원

에서 훨씬 효과적이다. 상대방에게 강한 인상을 주고자 한다면
특별히 편지를 이용해보자.

POINT ZONE

세일즈맨에게 요구되는 훌륭한 자세는 고객의 마음을 설득시키고야
말겠다는 끈질긴 인내와 집념이다.

2
꼭 필요한 내용을
요약해서 말하라

이야기를 알아듣기 쉽게 할 수 있다는 것은 그 사람의 머리가 좋다는 인상을 주는 중요한 포인트 중 하나다.

A라는 세일즈맨은 그의 고객들로부터 "말을 참 잘한다"는 칭찬을 들어오고 있다. 주위 동료들은 항상 자신들보다 상품을 많이 파는 그에게 특별한 비결이 있다고 생각한다. 그러나 실상 그에게 비법은 딱히 없다. 그는 단지 고객을 만나 상품을 설명할 때 요령 있게 말하는 것뿐이다.

그는 상품의 기능이나 다루는 방법 등을 설명할 때 결코 장황하게 말을 늘어놓지 않는다. 자신의 생각을 중간에 끼워넣는 것은 되도록 피한다. 그는 고객이 상품을 이해하는 데 반드시 필요하다고 판단되는 말을 알아듣기 쉽게 표현하려고 노력

한다.

　때문에 그가 고객과 대화를 나누는 시간은 그의 동료들에 비해 매우 짧다. 그는 고객이 상품에 대해 관심을 갖고 그의 말에 주의를 기울이도록 하여 시간을 뺏기고 있다든가 지루하다는 생각을 하지 못하게 만든다. 결국 A는 자신이 전달하고 싶어 하는 내용, 즉 상품에 관한 정보를 요약 설명함으로써 상품의 신뢰도를 높이고 고객의 구매 욕구를 자극한다. A는 이런 식으로 판매 실적을 올릴 수 있었다.

　필요한 말만 요약해서 알기 쉽게 말하는 것만으로도 상대의 신뢰를 얻을 수 있다. 이야기를 시작할 때 화제의 요점이 무엇인지를 미리 말해두면, 일단 좋은 인상으로 출발할 수 있다.

　말의 첫머리에 "오늘 말씀드릴 주제는 세 가지입니다"라는 식으로 미리 말한 다음, 각각의 주제에 대한 설명을 하면 대단히 효과적이다. 상대는 본격적인 얘기를 듣기에 앞서 전체 맥락을 인지한 후 구체적인 설명을 듣게 되기 때문이다. 상대가 이야기의 흐름을 어느 정도 전망하고 예측하면 대화의 집중도는 올라간다. 그런 상태에서의 대화는 상대의 동의를 쉽게 끌어올 수 있다.

　그러므로 본론에 들어가기에 앞서 말머리에서 주제를 제시해보자. 할 수 있는 한 듣는 사람 쪽에서 이야기를 편하게, 알기 쉽게 해석하며 들을 수 있도록 노력해보자. 그러면 이야기의 앞뒤가 다소 막혀 순조롭게 진행되지 않거나 살짝 우물쭈물

해도 이해하기 어렵다는 인상은 별로 주지 않을 것이다.

특히 이런 화술 방식은 직장에서 더 큰 힘을 발휘한다. 상사에게 일을 보고할 때 결론부터 제시하면 '영리한 직원'이라는 인상을 강하게 심어줄 것이다.

윗자리에 있는 사람들은 늘 바쁘다. 그렇기 때문에 아무래도 성급한 경향이 있고, 무엇보다도 빨리 결론을 알고 싶어 한다. 그러니 일의 과정이나 이유를 장황하게 설명할 필요가 없다. 그 일이 '성공인가, 실패인가?'를 빨리빨리 결론부터 보고하는 쪽이 상사를 초조하게 만들지 않는다. 불필요한 말은 상사를 피곤하게 한다는 사실을 기억해두자.

POINT ZONE

필요한 핵심만 요약해서 말하는 것은 상대에게 머리가 좋다는 인상을 심어줄 수 있는 방법이다.

3

주제에서 벗어나지 않게
유의하라

목적과 관계없는 엉뚱한 말은 자신의 욕구를 충족하는 것에 불과하다. 엉뚱한 말을 하는 사람 대부분은 그것을 깨닫지 못한다. 그래서 삼천포로 빠지더라도 개의치 않고 말을 멈추지 않는 것이다.

물론 어떤 이들은 대화를 할 때 때때로 자신이 주제에서 벗어나는 말을 하고 있다는 것을 인지한다. 그러나 그들은 거의 이런 현상이 우연히 일어난 것뿐이라고 생각한다. 분명, 이것은 어느 한쪽에서 대화의 목적과 관계없이 엉뚱한 말을 했기 때문에 발생한 사고다.

그러면 사람들은 왜 엉뚱한 말을 하는 것일까? 사람은 대개 다른 사람과 사귀고 싶어 하는 욕망을 갖고 있다. 그런데 단순하게 정보를 교환하는 일만으로는 서로의 마음에 정이 싹트거나 관계가 돈독해지지 않는다. 그래서 사람들은 상대방에게 자신의 주변 일들에 대해 이것저것 이야기를 늘어놓는 것이다.

사람들은 상대방이 자신의 말에 관심을 갖고 호응해주기를 바란다. 또 어떤 일에 대해서는 상대방이 조언을 해주기를 바란다. 상대방에게 자신의 존재를 인정받는 것뿐만 아니라 이해도 구하는 것이다. 이런 욕구가 채워지지 않으면 대부분 소외감을 느끼게 된다.

과장이 부장에게 업무 보고를 하고 있다. 그는 자신의 생각을 보고 사항과 섞어 말함으로써 부장의 주의력을 점점 흩뜨리고 있다. 다음의 대화에서 과장이 말하고자 하는 것이 무엇인지 알아보자.

부장 : 김 과장, 지시한 정보는 알아냈나?

과장 : 일단 부장님께서 만나보라고 하신 분들은 모두 찾아뵈었습니다. 호의적으로 협조해주시는 분들도 계셨습니다. 참 기분 좋던데요? 하지만 정보를 털어놓지 않으려고 트집을 잡는 분도 계셔서 애먹었습니다. 끈기와 인내심을 발휘해 끝까지 매달려 정보를 알아내긴 했지만, 지금 생각해도 다시는 만나고 싶지 않습니다.

부장 : 쉬운 일이 아니라는 건 잘 알고 있었네. 그러나 자네 능력이라면 충분히 해낼 거라고 믿었지.

과장 : 네, 결코 쉬운 일은 아니었습니다. 어떤 분은 자료란 자료는 몽땅 꺼내주시는 바람에 필요한 정보만 정리하는 데도 이틀 밤을 꼬박 새웠지 뭡니까!

부장 : 수고했네. 그러면 언제까지 보고서를 작성할 수 있겠나?

과장 : 자료를 일목요연하게 정리하는 일도 시간이 꽤 걸릴 것 같습니다. 중요한 자료는 따로 구별해놓아야 하고요. 부장님께서는 제가 그분들과 다시 한 번 만났으면 좋겠다고 생각하실지도 모르겠습니다. 그러나 제 생각으로는 이 정도 자료면 충분하다고 생각합니다.

부장 : 그럼, 충분하구말구. 전에도 이런 보고서를 만든 적이 있거든.

과장 : 아, 그렇습니까?

부장 : 그래, 이번에는 내가 무척 바빠서 도와줄 수 없는데……. 그래도 보고서는 다음 주말까지 완성할 수 있겠지?

과장 : 그때까지는 할 수 있을 겁니다. 제 나름대로 보고서 작성안을 짜둔 것이 있습니다. 기대해주십시오.

이 대화를 주의 깊게 보면 과장이 자신의 인내, 끈기, 재치, 성실함 등을 드러내고 싶어 한다는 것을 금방 알 수 있다. 그래서 그는 부장의 질문에 간단명료하게 대답하지 않고 엉뚱한 말을 덧붙인다. 더욱이 그는 부장의 관심을 끌고 싶어 한다. 그뿐만 아니라 자신의 호기심까지 만족시키려는 욕심도 품고 있다.

상대방이 하고 있는 엉뚱한 이야기는 그를 이해하는 데 도움이 되기는 한다. 그의 성격을 좀 더 정확하게 파악할 수 있고, 원하는 것이 무엇인지도 알 수 있다. 그래서 경우에 따라 그가 바라는 대로 일을 해주어 그의 마음을 기쁘게 만들어줄 수도 있다.

그러나 이는 좋은 대화법이 아니다. 대화를 할 때는 항상 주제를 잊어버리지 않도록 노력할 필요가 있다. 즉, 말을 하면서도 '이것은 주제와 어떤 관계가 있는가?', '나라면 이 이야기에 귀를 기울일까?' 하고 스스로에게 물어보아야 한다.

또한 요점을 정리하여 얘기하는 것도 좋은 방법이다. 단, 한 가지로는 왠지 허전하고 두 가지는 둘로 나뉘는 것 같으므로, 세 가지로 하여 안정감이 있어 보이게 한다. 물론 그 이상이어도 되지만 너무 늘어지지 않도록 조심해야 한다.

예컨대 어떠한 문제에 대해서 "그것에는 세 가지 답이 있습니다"라든지, "문제점이 세 가지 있습니다"라고 '세 가지'로 한정한다. 이렇게 하면 이해하기 쉽고 전체적인 문제 사안도 깔끔하게 정리된다.

다만, 이 '세 가지'에 대해 "대답은 이것밖에 없다"고 '한 가지'로 좁히면 무의식중에 독단적이라는 인상을 줄 수 있다. 또 '두 가지'는 억지로 갖다 붙인 것처럼 부자연스런 느낌을 줄 수 있으므로 주의한다.

분명 '세 가지의 요점 방식'은 인간 심리의 논리적 특성에 기

대어 충분히 효과를 발휘할 수 있다. 그 효과는 상대에게 주는
좋은 인상뿐만 아니라 문제를 세 가지로 나눔으로써 자연히 생
각이 정리되어 이야기가 쉬워지는 것이다.

POINT ZONE

어떠한 문제에 대해서 "그것에는 세 가지 답이 있습니다"라든지, "문
제점이 세 가지 있습니다"라고 '세 가지'로 한정한다. 이렇게 하면 이
해하기 쉽고 전체적인 문제 사안도 깔끔하게 정리된다.

한 가지씩
차근차근 이야기하라

문장이든 말이든 짧을수록 쉽고 장황할수록 어렵다. 주어와 술어의 간극이 좁을수록 머릿속으로 들어오기 쉽다. 호흡이 짧은 만큼 전달 내용의 템포가 빠르고 시원시원하기에 전체적으로 명료해지는 것이다.

대화를 할 때 한꺼번에 너무 많은 말을 하는 것은 좋지 않다. 내용을 전달하는 것이 대화의 목적이라면, 반드시 한 가지씩 차근차근 말해야 한다. 주의를 기울여 그 말을 이해할 시간적 여유를 상대방에게 줘야 하기 때문이다.

상대방의 마음을 움직이거나 어떤 특별한 사실을 알리고 싶다면 한 번에 20초 이상 말을 해서는 별 효과가 없다.

세일즈맨이 바이어에게 상품을 소개하고 있다. 그는 바이어의 감정이나 견해는 나 몰라라 하고 쉴 새 없이 말을 계속한다.

"저희 회사에서 새로 내놓은 이 제품은 인기가 높아서 찾는 사람들이 점점 늘어나고 있습니다. 대리점을 열고 싶어 하는 사람들이 직접 찾아오거나 전화를 하기 때문에 직원들이 잠시도 자리를 비우지 못할 정도지요. 그동안 저희 회사에서 만든 상품들 가운데 최대의 히트작이라고 할 수 있습니다.

디자인 좀 보십시오. 부드러운 곡선, 모노톤의 색감에서 세련된 감각을 느낄 수 있지 않습니까? 우리나라에서 손꼽히는 디자이너가 디자인한 것이지요. 또 이 제품은 매우 튼튼해서 실용적입니다. 1년 동안 품질을 보증하지만, 저희 회사 연구진은 거의 반영구적으로 사용할 수 있다고 합니다.

저희 회사에서는 이 제품의 판매 촉진을 위해 광고에 막대한 비용을 쏟아붓고 있지요. 아마도 요즘 신문과 텔레비전에서 이 제품을 선전하는 광고를 보셨을 겁니다. 광고 CM송은 아이들이 따라 부를 정도로 인기가 있지요.

게다가 가격은 또 어떻습니까? 품질에 비해 무척 싼 편이지 않습니까? 또 지불 조건도 다른 회사보다 낫다고 대리점 사장님들이 좋아합니다. 대량 구입하시면 10퍼센트 내지 20퍼센트 정도 깎아드립니다.

납품 날짜에 대해서는 걱정하지 마십시오. 저희 회사는 약속한 시간 안에 물건을 갖다드리는 것을 가장 큰 자랑으로 여기고 있으니까요."

바이어는 세일즈맨이 전달하고자 하는 상품에 대한 정보를 얼마만큼 이해할 수 있었을까? 그는 과연 상품 구매 계약서에 사인을 했을까?

이 세일즈맨은 상품의 특징 중 한 가지만 짧게 요약해서 설명한 후 바이어의 반응을 주의 깊게 살펴야 했다. 이를테면 디자인의 특징을 말한 후 바이어의 태도가 긍정적인지 부정적인지를 관찰했어야 했다.

만약 바이어가 부정적인 반응을 보인다면 세일즈맨은 다시 한 번 디자인의 장점을 설명해줄 수 있다. 그러면 바이어는 세일즈맨의 말을 더욱 잘 이해하게 될 것이고, 제품뿐만 아니라 세일즈맨에게도 호감과 신뢰감을 느끼게 될 것이다. 세일즈맨이 이와 같은 방법으로 계속 상담을 해나갔다면, 그는 틀림없이 좋은 실적을 올렸을 것이다.

또 한 가지 주의해야 할 점이 있다. 물건이나 사람 또는 어떤 사실에 대해 설명할 때 사용하는 형용사 등의 수식어는 반드시 두 개를 넘지 않도록 한다.

A가 자신의 가족에게 친구 B의 모습을 설명하고 있다.

"B는 키가 크고 말랐어."

A의 가족은 금방 B의 모습을 머릿속으로 그려볼 수 있다.

그런데 만약 A가 다음과 같이 설명했다고 가정해보자.

"B는 키가 크고 건장하고 배가 나오고 근시야."

A의 가족은 A가 말한 내용을 정리하는 데만도 시간을 더 가

져야 할 것이다.

어떤 사안에 대해 효과적인 설명을 위해서는 수식어 두 개 정도만 들고 상대의 반응을 살피며 다음 설명을 이어가야 함을 기억하자.

"~입니다만", "~이어서", "~이기 때문에" 하는 식으로 질질 끌면서 이야기를 이어나가면, 듣고 있는 쪽에서는 상대방이 무슨 생각으로 그런 말을 하는지 쉽게 파악하지 못한다. 그뿐만 아니라 그 답답함이 상대에 대한 불쾌감으로 옮겨가는 수도 있다.

또 스스로 무슨 이야기를 하고 있는지 모를 만큼 중언부언하는 모습은 상대에게 '머리가 나쁘다' 등의 마이너스 이미지를 심어준다.

우리는 말을 하면서 흔히 접속사 '~지만'을 특히 잘 사용하는 경향이 있다. 이 '~지만'으로 이어나가고 싶은 곳에서 '~입니다'로 끊어보자. 그러면 상대를 이해시키기도 쉽고, 나를 상대에게 똑똑하고 명쾌한 사람으로 인식시킬 수 있을 것이다.

POINT ZONE

문장이든 말이든 짧을수록 좋다. 주어와 술어의 간극이 좁을수록 머릿속으로 들어오기 쉽다. 호흡이 짧은 만큼 전달 내용의 템포가 빠르고 시원시원하기에 전체적으로 명료해지는 것이다.

용건은
3분 이내로 전달하라

이미 알고 있는 내용임에도 자꾸만 반복해서 말하면 오해를 살 수도 있다.

'뭐야? 지금 내 머리가 나쁘다고 생각하는 거야? 아님, 무식하다고 판단한 거야? 왜 한 얘기를 계속 반복해서 말하는 거지? 날 물로 보나?'

말하는 이를 보며 상대는 이렇게 생각할 수도 있다. 실제로 말하는 이는 상대의 청력이 떨어진다거나 이해력이 낮다고 여기기 때문에 되풀이하는 것인지도 모른다.

사람들은 대화를 하면서 똑같은 내용을 반복하거나, 이미 알고 있는 사실을 되풀이하곤 한다. 그러다 보면 상대방은 짜증을 내고, 대화의 속도도 자연히 떨어져 처음만큼 흥미진진하게 이야기가 진행되지 않는다.

가장 큰 문제는 상대에게 오해를 살 수도 있다는 점이다. 이렇게 되면 상대방은 대화를 그만두려 한다. 다른 것으로 관심을 돌려버린다. 그러면 결국 대화는 쓸데없이 시간만 낭비한 꼴이 된다.

내 강좌 중에 '3분 스피치' 시간이 있는데, 이런 방식으로 훈련하는 것도 말을 조리 있게 할 수 있는 방법 중 하나다.

'3분'은 어떤 주제를 간단히 이야기하는 기준으로 딱 알맞은 시간이다. 직업적으로 그런 재주를 갖고 있지 않은 한, 인간이 말하는 속도는 그렇게 바뀌지 않을 것이다. 즉, 3분에 상당하는 단어의 분량은 평범한 일반 사람들이 메모를 사용하지 않고 말할 수 있는 평균치라는 말이다.

나 또한 그만한 길이의 라디오방송 프로그램에 매일 출연했던 경험이 있는데, 하나의 주제를 시작해서 끝내기에 3분은 아주 좋은 시간임을 실감했다. 더불어 자료 하나 없이 3분 동안 계속 이야기하는 것의 어려움도 경험했다.

결론을 말하자면, 이야기하기에 1분은 짧고 5분은 너무 길다. 3분은 자기표현을 할 때 단락 하나 정도를 소화할 수 있는 적당한 시간이다.

어떤 용건이든 대강의 내용은 3분이면 족하다. 만약 할 수 없다고 한다면, 그것은 졸음을 유발하는 결혼 주례사처럼 쓸데없는 말을 하고 있든지 신 나게 삼천포로 빠지고 있는 것이다.

말하기의 목적은 듣는 이와의 소통이다. 그렇다면 질질 끌고 가는, 내용이 없는 이야기로 상대를 실망시키고 피곤하게 해서는 안 된다.

이제부터 한 가지 용건을 3분 이내에 담을 수 있도록 노력하라. 그러면 지금까지 답답하게 막혀 있던 불통이 소통으로 뻥 뚫릴 것이다. 쓸데없이 똑같은 얘기를 반복하는 것은 시간 낭비일 뿐임을 명심하라.

POINT ZONE

말하기의 목적은 듣는 이와의 소통이다. 그렇다면 질질 끌고 가는, 내용이 없는 이야기로 상대를 실망시키고 피곤하게 해서는 안 된다.

6

새로운 문제로
상대의 주의를 끌어라

언론에 등장하는 새로운 사실, 연예가 스캔들, 상식 따위를 화제로 삼는 것은 상대의 주의를 끄는 한 방법이다.

인간에게는 '새로운 것', '비밀인 것' 등을 먼저 알고 싶어 하는 정보 욕구가 있다. 대부분의 사람이 소문에 관한 이야기를 좋아하는 이유는 바로 이 때문이다.

A와 B는 만날 때마다 기독교의 창조론과 다윈의 진화론을 놓고 토론을 벌였다.

두 사람이 이 주제를 갖고 논쟁을 벌이자면 양쪽 모두 자신의 관점을 주장하느라 신경이 팽팽하게 곤두서곤 했다. 그들은 토론을 통해 서로의 견해차를 좀 더 잘 이해할 수 있게 되었다. 그러나 횟수를 거듭할수록 더 이상 토론의 재미는 느껴지지 않았다.

두 사람은 누가 먼저라고 할 것도 없이 새로운 얘깃거리를 갖고 대화를 하고 싶어 했다. A는 B의 관심을 끌 수 있는 이야기가 없을까 궁리했다. B 역시 A가 깜짝 놀랄 만한 이야기를 꺼내기 위해 노력했다.

이처럼 상대방의 관심을 끌기 위해서는 언제나 새로운 주제를 모색해야 한다.

만약 어떤 사람이 A와 B가 미처 생각하지 못했던 문제를 제기한다면 두 사람은 눈빛을 빛내며 생각에 잠길 것이다. 그들이 하게 될 대화는 매우 흥미진진하고, 서로에게 도움이 될 것이다.

그런데 A와 B가 새로운 문제에 대해 즐겁게 이야기하는 것을 지속하려면, 두 사람은 무엇보다도 지적인 호기심을 갖고 그동안 쌓아온 지식이나 경험을 되살려 제기된 문제에 알맞은 결론을 내놓아야 한다. 이를 도출하기 위해 두 사람은 활발하게 사고를 하는데, 이때 그들은 여러 가지 이익을 얻을 수 있다.

거듭 말하지만 대개 소문에 관한 이야기를 좋아하는 까닭은 정보 욕구 때문이다. 따라서 이 욕구를 적당히 부추기면 어지간히 둔감한 사람이 아닌 한, 반드시 귀를 기울여준다.

"아직 확인은 안 된 정보입니다만……" 하고 전제하거나 "조금 전에 들은 이야기입니다만……" 하고 새로운 뉴스처럼 들리게 하는 것도 좋은 방법이다.

이렇게 말하면 오히려 그 정보가 신선하게 들리기도 한다. 사실, 사람에게는 이런 단순한 심리를 가지고 있다.

"지금 막 들은 얘긴데……"라고 말하면 그 순간 상대는 귀를 쫑긋 세운다. 그리고 그것이 소문인 이상, 듣는 사람은 상상력을 구사하여 제멋대로 이야기를 늘리고 줄이면서 듣는다. 그렇기 때문에 실제 이야기한 것 이상으로 신선한 정보가 되는 것이다. 그 소문이 참인지 거짓인지를 떠나서 말이다.

POINT ZONE

새로운 문제에 대해 즐겁게 이야기하는 것을 지속하려면, 무엇보다도 지적인 호기심을 갖고 그동안 쌓아온 지식이나 경험을 되살려 제기된 문제에 알맞은 결론을 내놓아야 한다.

7

반복할 때는
'정리'의 기술을 써라

어떻게 말해야 상대방의 관심을 계속 유도할 수 있을까? 같은 내용을 반복하더라도 기술적으로 새로운 사항을 추가하는 방법이 있다. 그러면 듣는 사람은 상대방이 하는 이야기에 변화가 있다고 생각하여 지루해하거나 싫증을 내지 않는다.

앞서 대화할 때 같은 내용을 반복하는 것은 좋지 않다고 했다. 그러나 때로는 반복해서 말하는 것이 필요할 때도 있다. 내용이 너무나 중요한 것이라서 잊어버려서는 안 되는 경우가 그렇다.

사람의 주의력에는 늘 새로운 것을 찾아 옮겨 다니는 성질이 있다. 때문에 처음에는 대수롭지 않게 여기고 주의 깊게 듣지 않았던 것을 두 번째 말할 때 집중하기도 한다.

그런가 하면 새로운 내용이 없어도 반드시 반복할 필요가 있는 경우도 있다. 회의를 하고 결론을 내릴 때 특히 그렇다.

텔레비전에서 어떤 주제를 놓고 논쟁하는 프로그램을 종종 볼 수 있다. 열기 있는 토론은 대개 끝까지 결말이 나지 않고, 사회자의 열린 결론 같은 클로징 멘트로 프로그램이 끝난다.

이때 청취자 쪽에서는 왠지 사회자가 말하는 마지막 말이 가장 올바른 것처럼 받아들이는 경우가 많다. 사실, 사회자 자신은 자신의 의견을 말하고 있지 않지만, 마지막 논쟁의 문제점 등을 잠깐 정리함으로써 듣는 사람에게 강한 인상을 남기는 것이다.

이러한 '최후 발언'은 회의장에서 더욱 강렬한 인상을 남긴다. "마지막으로 한마디 말해두고 싶은 것입니다만" 하며 그때까지의 발언에 '정리'를 덧붙이면 의미 있는 결론이 나온 것 같은 분위기로 몰아갈 수 있다.

나중에 발언할수록 문제점을 짚어내 자기의 의견을 수정할 수 있으며, 그것은 참가자에게 좋은 이미지로 남는다. 요컨대 맨 나중을 잘 마무리해야 승리할 수 있는 것이다.

또 자신의 의견과 거의 비슷한 것을 다른 사람이 먼저 말해버렸다면 "지금까지 대체로 나올 것은 다 나온 것 같지만……" 이라고 하며 결국 자기의 발언으로 정리해버리면 좋다.

물론 아무것도 말하지 않고서 무능하다는 취급을 당해도 어쩔 수 없지만, 먼저 발언을 하라고 하면 다른 사람에게 기회를 양보하고 때를 기다리는 것도 한 가지 방법이다.

이것은 은근한 기술을 요하는 방법이지만, 체화하여 잘 활용한다면 상대의 주의를 끌어들이는 확실한 필살기가 될 것이다.

POINT ZONE

사람의 주의력에는 늘 새로운 것을 찾아 옮겨 다니는 성질이 있다. 때문에 처음에는 대수롭지 않게 여기고 주의 깊게 듣지 않았던 것을 두 번째 말할 때 집중하기도 한다.

8

추상적인 말보다는
구체적인 말로 하라

추상적인 말은 의미가 너무 폭넓게 해석되기 때문에 실생활에서 마음 놓고 사용하기에는 사실 적합하지 않다. 따라서 될 수 있는 한 머릿속에 분명히 떠올릴 수 있는 구체적인 말을 사용하는 게 좋다.

구체적인 말은 그 형체가 분명이 있어서 이미지를 떠올리는 데 어려움이 없다. 예컨대 꽃, 새, 냉장고, 컵, 먹는다, 씻는다 등이 그것이다.

추상적인 말은 여러 갈래로 의미가 해석될 수 있는 만큼 그 이미지가 머릿속에 쉽사리 떠오르지 않는다. 예컨대 자유로움, 솔직함, 친절함, 선량함, 착함 등이 그것이다. 즉, 이것들은 그 의미를 단순한 이미지로 설명할 수 없는 말들이다.

사람들은 구체적인 말을 주고받으며 생활을 해나가는 데 익숙해져 있다. 만약 '새가 울고 있다'는 말을 듣게 되면 사람들은 대개 '새가 지저귀고 있다'고 받아들인다. 어떤 사람에게 '마음이 울고 있다'는 말을 들으면 슬프다, 우울하다 등등으로 받아들인다.

분명 추상적인 말도 나름대로 적절하게 쓰일 때가 있다. 추상적인 말은 사람들의 단순한 행동보다는 지적인 활동에 어울리는 것이므로 복잡한 정신 활동을 설명하는 데 유용하다.

그러나 앞서 말했듯 추상적인 말은 폭넓게 해석될 수 있는 그 의미의 다양성 때문에 일상어로 사용하기엔 소통의 차원에서 불편하다. 그럼에도 불구하고 어쩔 수 없이 추상적인 말을 사용해야 한다면 반드시 구체적인 말로 부연 설명을 덧붙인다. 그래야 불필요한 오해의 소지를 제거하고 명확한 의사소통을 이룰 수 있다.

구체적인 것을 거론함으로써 상대의 주의를 끄는 데 좋은 것 중 하나가 숫자다. 사람들은 일반적으로 숫자에 약하다. 이를 염두에 두고 숫자를 대화에 활용하면 좋은 결과를 얻을 수 있다. 특히 대화에 적용할 숫자는 평소 가능한 한 우수리까지 외워둔다.

예를 들어보자. 어느 은행에 한 고객이 주택 개축에 필요한 자금 '5,450만 원'을 대출받으러 왔다. 지점장이 서류를 보고 "왜 6,000이나 5,500이 아니고 5,450입니까?" 하고 물으니, 그 고객은 이렇게 대답했다.

"많이 빌려봐야 빚이 되는 건데, 내가 계산해보니 더도 덜도 말고 딱 그 돈이면 되거든요."

그래서 그 지점장은 우수리까지 계산하는 치밀한 자세에 신뢰하는 마음이 생겨 즉시 대출을 승인해주었다.

POINT ZONE

어쩔 수 없이 추상적인 말을 사용해야 한다면 반드시 구체적인 말로 부연 설명을 덧붙인다. 그래야 불필요한 오해의 소지를 제거하고 명확한 의사소통을 이룰 수 있다.

9

대화로
설득하여 유도하라

국어사전에서는 설득을 '상대편이 이쪽 편의 이야기를 따르도록 여러 가지로 깨우쳐 말함'이라고 풀이하고 있다.

이 말을 한 번 더 쉽게 풀어보자. 설득은 어떤 문제에 대해 얘기를 나누면서 상대방이 생각을 하게 만든다든가 느낌이 들도록 하고, 마침내 화자가 원하는 행동을 하도록 유도하는 것이다.

사람들은 대화를 하면서 상대방을 설득하기도 하고 설득을 당하기도 한다. 어느 쪽이든 하나의 목적을 갖고 대화를 시작할 때, 그 속에는 설득하려는 의도가 들어 있다고 하겠다.

그런데 상대방을 더욱 효과적으로 설득하려면 어떤 방법을 사용하는 것이 좋을까?

　첫째, 상대방이 자신의 말을 부담 없이 할 수 있도록 분위기를 조성한다.

　둘째, 내가 하는 말에 상대방이 질문할 수 있도록 여운을 남겨둔다.

　아래 대화의 예를 통해 한번 생각해보자.

〈고객이 세일즈맨에게〉

좋은 태도 : 다른 회사 것은 더 싸게 살 수 있는데, 당신 회사에서는 왜 이토록 비싸게 파는 거죠?

나쁜 태도 : 이 물건은 너무 비싸요.

〈초등학생이 부모에게〉

좋은 태도 : 공부를 열심히 했는데도 성적이 떨어졌어요. 아무리 생각해도 그 이유를 잘 모르겠어요.

나쁜 태도 : 10등 안에 들 수 있었는데, 다른 애들이 커닝을 하는 바람에 등수가 떨어졌어요.

〈세일즈맨이 영업부장에게〉

좋은 태도 : 고객에게 상품을 한마디로 설명하는 데 애로점이 있습니다.

나쁜 태도 : 고객에게 상품을 어떻게 설명해야 할지 잘 모르겠습니다.

이 예들을 통해 알 수 있듯이, 상대방이 의심스러운 점을 제시할 때보다 단적인 표현으로 말을 끝내면 대화를 풀어나가기가 점점 어려워진다. 때문에 상대방을 설득하려면 그가 더 많은 질문을 할 수 있도록 도와주어야 한다.

셋째, 상대방의 생각이 정리될 때까지 기다린다.

상대방은 내가 한 말을 곰곰이 검토한 후 자신의 입장을 정리하고 뜻을 표명한다. 따라서 상대를 억지로 내 생각이나 주장에 끌어들이려고 애쓰지 말아야 한다. 그보다는 오히려 내 쪽에서 상대방의 생각에 접근할 수 있는 방법을 찾아야 한다. 절대적으로 자신의 능력을 믿고, 서두르지 않도록 주의한다.

넷째, 상대방의 약점을 파악한다.

상대방을 설득하려면 상대방의 태도를 오랫동안 관찰할 필요가 있다. 그 결과 상대방의 약점을 발견하면 지나가는 말처럼 던져볼 수 있다. 상대 스스로 잘못된 점을 고치기 위해 어떻게 하면 좋겠느냐고 방법을 물어올 것이다. 바로 그때 마음 놓고 나의 주장을 표현하면 된다. 그러면 상대방은 주의 깊게 듣고 긍정적인 반응을 보일 수도 있다.

나의 생각을 따르도록 설득할 때 논리적인 말은 별로 쓸모가 없다. 또 상대방의 태도를 미리 예상하는 것도 위험하다. 상대방의 기분을 나쁘게 만들거나 난처한 입장에 빠지게 할 수도 있기 때문이다. 분명 이는 상대방의 마음을 움직이는 일에 결코 도움이 되지 않는다.

이런 식의 방법보다는 상대방이 자신의 입장을 변호하느라 늘어놓고 있는 많은 말에 반론을 펴지 말고 그냥 들어주는 것이 좋다. 상대방이 말을 마치면 그때 나의 주장을 이치에 맞게 설명하면 그걸로 족하다. 상대는 곧 내 생각이 더욱 바람직하다고 여길 것이고, 그에 따른 행동을 보일 것이기 때문이다.

예를 들어, 고객은 물건이 비싸기 때문에 사지 않겠다고 세일즈맨에게 말한다. 그는 가격이 싼 다른 회사 제품을 사용하면서 불만을 느끼지 않고 있기 때문이다.

세일즈맨은 잠시 망설인다. 자기 회사의 제품 품질이 좋으므로 결코 가격이 비싸지 않다고 말하고 싶었던 것이다. 그러나 현재 고객의 태도로 보아, 그것은 현명한 대처법이 아니다.

세일즈맨은 세일즈 방법을 바꿔보기로 한다. 그는 고객이 최근 구입한 물건들은 가격이 싸다고 여겼기 때문에 구입했음을 알고 있다. 그는 고객에게 품질도 만족하고 있는지 물어본다. 즉, 얼마나 오래 사용하고 있는가, 사용하면서 문제점은 느끼지 못했는가, 필요할 때마다 서비스를 받고 있는가, 구매 조건은 어떠했는가 등을 알아보는 것이다. 이 질문들은 자기 회사와 다른 회사 제품의 품질을 비교해보는 데 도움을 주는 것들이다.

세일즈맨은 고객의 대답을 통해 다른 회사 제품의 약점을 발견한다. 이것이 세일즈를 성공에 이르게 하는 기술이다. 즉, 경쟁사의 약점 대비 자 회사의 강점을 부각하는 것이다. 고객이

세일즈맨의 회사 상품을 구입할 가능성이 높아질 것은 의심할
필요가 없다.

상대방을 더욱 효과적으로 설득하려면 상대가 자신의 말을 부담 없이
할 수 있도록 분위기를 조성하고, 상대방에게 질문을 할 수 있도록 여
운을 남겨두는 게 좋다. 또한 상대방의 생각이 정리될 때까지 기다리
며 상대방의 허점을 파악한다.

CHAPTER 3

타인의 마음을 사로잡는 법

1

마음의 소통을
방해하는 요인들

당신과 친구는 오랫동안 이야기를 나눈다. 많은 말을 주고받지만 서로의 마음속 깊은 곳까지 오가는 기분, 즉 '통한다'는 느낌을 갖기란 쉽지 않다. 그렇다면 서로의 속을 이해하고 마음까지 통하게 되는 일을 방해하는 것들은 무엇일까? 그리고 이러한 방해 요인들을 없애려면 어떻게 해야 하는 것일까?

여러 가지 방해 요인들 중 가장 큰 것은 당신이 '나는 한 사람의 인간이고, 상대방도 한 사람의 인간'이라는 사실을 망각했다는 점이다.

사람은 저마다 생각할 수 있는 능력뿐만 아니라 기쁨, 슬픔, 즐거움, 괴로움 따위의 갖가지 감정을 갖고 있다. 어떤 일 때문에 이와 같은 감정이 마음속에 일어날 때는 큰 소리로 떠들고,

박장대소하며, 슬프게 울기도 한다. 또한 겉모습이나 말하는 것과 같은 행동을 할 수도 있고 전혀 다르게 행동할 수도 있다.

이렇듯 사람의 의식 세계는 차근차근 풀어나가야 할 문제가 첩첩이 쌓여 있는 창고와도 같다. 따라서 보람 있는 생각을 하거나 의사를 분명하게 전달하는 일, 상대방과의 정신적인 교류 등이 계획한 대로 쉽게 이루어지지 않는다고 해서 실망할 필요는 없다.

앞서 언급한 '나는 한 사람의 인간이고, 상대방도 한 사람의 인간'이라는 말의 의미를 곰곰이 곱씹어볼 필요가 있다. 사람과 사람 사이에 마음이 통한다는 것은 결코 쉽지 않은 일임을 알아야 한다.

POINT ZONE

마음의 소통을 방해하는 여러 가지 요인들 중 가장 큰 것은 당신이 '나는 한 사람의 인간이고, 상대방도 한 사람의 인간'이라는 사실을 망각했다는 점이다.

2

사고의 습관을
벗어나라

　사람들은 거의 습관이라는 거미줄에 온몸이 꽁꽁 묶인 채 살아가고 있지만, 이상하게도 별다른 불편을 느끼지 못하고 있다. 사람들은 오히려 습관에 길들여진 생활을 정상적이고 건강한 삶이라고 생각하는데, 심지어 안정감까지 느끼기도 한다. 사람들은 그런 상태로 즐거움과 행복을 누리며 살아가고 있다. 어찌 보면 사람들은 또 다른 모습의 거미처럼 여겨지기도 한다.

　습관이라는 것은 정말로 무서운 존재다. 그것은 사람들의 생각, 감정, 행동 등 모든 방면에 커다란 영향을 직간접적으로 끼친다. 습관에는 일상생활 속에서 드러나는 사소한 '기호적 습관'이 있는가 하면, 사람이 생각할 수 있기 때문에 나타나는

'사고적 습관'이 있다. 즉, 아주 작은 문제에 부딪혀도 겁을 집어먹고 꽁무니를 뺀다든지, 자기가 늘 반드시 1등을 해야만 한다는 강박증의 생각 따위가 그것이다.

이런 사고적 습관은 비교적 단순한 기호적 습관과는 달리 경우에 따라서 한 사람의 정신세계를 약화시키고 황폐화시키기도 한다. 따라서 사고적 습관은 특히 더 주의할 필요가 있다.

사람들이 일정한 사고방식을 버리지 않을 뿐만 아니라 어떤 행위를 고집스럽게 반복하는 이유는 무엇 때문일까? 분명, 지금까지 그렇게 해왔기 때문만은 아니다. 그보다는 사람들이 그것으로 인해 어떤 형태로든 이익을 본 경험이 있었기 때문이다.

그러나 엄밀하게 따지고 보면 습관 때문에 생긴 이익은 실질적인 것일 수도 있고, 때로는 사람들의 상상에서 비롯된 것일 수도 있다. 그렇지만 습관이 이익을 가져다준다고 믿는 한, 사람들은 비록 하찮은 습관일지언정 버리지 못하고 한평생 습관에 얽매여 살아가게 마련이다. 더욱이 습관 때문에 생기는 이익이 크다고 생각하면 할수록 습관은 더욱더 깊이 뿌리를 내릴 것이다. 그래서 그 습관의 힘은 더 강하게 자리를 잡을 것이다.

아래의 예에서 부장과 과장이 이야기를 주고받고 있다. 부장과 과장의 이야기가 무엇 때문에, 어떻게 방해받고 있는지 한 번 들여다보자.

부장 : 김 과장, 자네는 업무 처리 능력도 뛰어나고 부서관리도 아주 잘하고 있네. 하지만 자네는 부하 직원들이 저지른 실수를 조금도 눈감아주지 않는 것 같아. 그들이 일을 잘 처리했을 때도 칭찬하는 법이 없고 말이야. 그래서 부탁인데, 일을 잘할 때는 한번쯤 어깨라도 두드려주라고. 사기를 높여주어서 나쁠 거 없지 않나?

과장 : 참, 한심한 친구들입니다! 아직도 애들 같은 생각을 하고 있다니, 회사가 집입니까? 칭찬해주지 않는다고 그런 불평이나 늘어놓고……. 정말로 유치한 어리광에 불과합니다. 저는 터무니없는 어리광을 받아줄 생각이 없습니다.

부장 : 내 말은 어리광을 받아주라는 게 아닐세. 사람이란 누구나 잘한다는 격려를 받으면 기뻐서 더 잘하려고 노력하는 법이잖나? 부하들의 사기를 북돋아주는 것은 좋은 자극제가 되는 게지.

과장 : 일을 잘했을 때는 자기 스스로도 당연히 그것을 느낍니다. 다른 사람이 칭찬을 해주지 않더라도 무척 즐겁지요. 만약 제가 한 번 칭찬을 해주면 아마 다음번엔 월급봉투가 얇다고 불평을 늘어놓을 겁니다.

부장 : 자네가 볼 때 이 대리는 어떤가? 내가 보기엔 일도 잘하고 눈치도 빠른 것 같던데 말이야. 그리고 동료들과도 잘 어울리고, 썩 괜찮은 구석이 많던데……. 김 과장은 그 친구에게 한 번이라도 다정스럽게 말을 건넨다든가 업무 실적에 대해

칭찬해준 일이 있나?

과장 : 이 대리, 그 친구 꽤 쓸 만한 사원이죠. 하지만 저는 그 친구만 특별히 칭찬해주고 싶지는 않아요. 잘못 칭찬했다가는 그 친구 자기만족에 빠져 금방 나태해질 테니까요. 저는 그런 성격을 가진 사람을 잘 다룰 줄 압니다. 제가 일부러 칭찬하지 않고 내버려둠으로써 그 친구는 더욱 분발하여 더 좋은 성과를 만들려고 노력할 겁니다.

두 사람의 이야기를 보면 누구라도 금방 느낄 수 있듯이, 김 과장의 태도나 마음씨는 너무 딱딱하고 냉정하기까지 하다. 마치 다른 사람은 믿지 않기로 작정한 것 같다.

그는, 사람이란 누구나 다른 사람에게 칭찬을 받으면 금방 거만해지고 나태해지게 마련이라고 생각하고 있다. 때문에 그 생각에서 한 치도 양보할 줄 모르는 좁은 마음을 갖고 있다.

특히 부하 직원을 대할 때, 사람은 누구나 그 나름대로의 장점을 지니고 있다는 것은 전혀 고려하지 않는다. 다만, 그는 자신이 정해놓은 '사람은 이러이러하다'는 기준의 틀 속에 사람을 집어넣고는 마구잡이로 단정하는 부정적인 말만 줄기차게 하고 있을 뿐이다.

김 과장의 생각과 태도, 그리고 말본새는 어떻게 형성된 것일까? 물론 앞서 소개한 짧은 이야기를 통해 그의 성격이나 사람 됨됨이를 다 파악할 수는 없다.

그러나 짐작컨대 그는 자신도 믿지 못하는 사람이라고 판단
된다. 때문에 다른 사람은 더더욱 믿을 수 없다고 생각하며 사
는 것은 아닐까? 그는 다른 사람은 아예 믿지 말자고 굳게 결심
했는지도 모른다.

POINT ZONE

습관이 이익을 가져다준다고 믿는 한, 사람들은 비록 하찮은 습관일지
언정 버리지 못하고 한평생을 습관에 얽매여 살아간다.

3

상대방의 주의를
끌고 싶다면?

　당신이 상대방의 주의를 끌고자 할 때는 반드시 신경을 곤두세우고 있어야 한다. 왜냐하면 상대방은 당신의 말을 듣기 위해 처음부터 끝까지 주의를 집중하는 것은 아니기 때문이다.

　상대방의 주의력은 당신이 말하고 있는 내용과 자신의 관심을 끄는 어떤 대상이나 생각 사이에서 천천히 맴돌고 있다.

　따라서 당신이 상대방의 주의를 끌고 싶다면 그 방법은 매우 간단하다. 이야기 주제를 상대방의 관심 분야로 돌리면 된다. 그러면 효과는 즉시 나타날 것이다.

　그런데 알아두어야 할 것은 당신의 말을 듣고 있는 상대방의 주의력이 그리 오래 지속되지는 않는다는 점이다. 만약 이야기가 즐거운 것이거나 흥분을 불러오는 것, 또는 자신의 문제를 풀어줄 내용의 것이라면 상대방은 당신의 이야기에 반응을 나타낸다. 그러나 복잡하고 관심이 없는 이야기에는 금방 싫증을 내거나 다른 생각을 하기 일쑤다. 또 주위의 소리에 방해를 받아 때때로 이야기가 중단되기도 한다. 그 결과, 어떤 때는 대화를 시작하지 않은 것보다 못한 상황에 이르기도 한다.

이처럼 상대방의 주의력은 극히 짧은 시간밖에 지속시킬 수 없다. 따라서 다른 사람과 이야기를 나눌 때 중요한 내용은 여러 번 반복해서 말할 필요가 있다. 다만, 어쩔 수 없이 반복해서 말해야 할 경우라면, 내용이 지루하게 들리지 않도록 표현을 바꿔가야 한다.

복잡한 내용을 아주 짧게 정리하여 들려줄 때 상대방이 한두 마디라도 놓치게 되었다면, 그 이야기는 더 이상 들려주어도 아무런 소용이 없을 수 있다. 그 까닭은 부주의로 듣지 못한 말이 뒤에 계속되는 내용에 대해 중대한 의미를 갖고 있으므로, 상대방이 계속 듣는다고 해도 이야기의 흐름을 이해할 수 없기 때문이다.

그렇다면 이야기를 듣고 있는 상대방의 주의력이 산만해졌다는 것은 어떻게 알 수 있을까? 보통 주의력이 산만해지려는 사람들에게는 몇 가지 징조가 공통적으로 나타난다.

첫째, 불필요한 질문을 던져온다.
둘째, 지금 하고 있는 이야기의 내용과 전혀 관계없는 질문을 한다.

셋째, 이미 해결 방법을 찾은 문제에 대해 다시 생각해보자거나 다른 의견을 주장하고 나선다.

그러므로 당신은 이와 같은 세 가지 징조를 잘 기억하고, 이런 경우에 어떻게 대처하면 좋은지 그 방법을 몇 가지 마련해놓아야 한다. 그러면 의외의 상황이 벌어진다고 해도 적절히 대응할 수 있을 것이다.

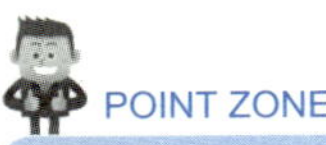

POINT ZONE

상대방의 주의를 끌고 싶다면 이야기의 주제를 상대방의 관심 분야로 돌려라. 그러면 효과는 즉시 나타날 것이다.

4

엉뚱한 해석은
독이다

사람들 중 주위에서 벌어지고 있는 거의 모든 일을 자기 식대로 해석하는 이들이 있다. 이런 사람의 성격적 특징은 지나치게 잘 흥분한다는 점이다. 즉, 주변에서 어떤 인상적인 일이 생기면 그는 보통 때보다 말소리를 높여 떠들며 즐거워하기도 하고, 얼굴을 붉히며 지나치게 화를 내기도 한다.

또 자기 말을 들어주는 상대방이 스스로 느끼는 감정을 존중하기보다는 자신이 주장하고 싶은 의미를 상대에게 강요하거나 첨가하려는 버릇이 있다.

더욱이 자신이 말한 내용과 상대방이 말한 내용에 차이가 있다고 판단되면, 전체적인 내용과 흐름이 어떻든 상관하지 않는다. 그는 반드시 자기가 유리한 쪽으로 밀고 가는 것이다.

이런 성향의 세일즈맨을 아래에서 살펴보자. 그는 다른 회사의 구매과 직원에게 상품을 팔려고 애쓰는 중이다.

세일즈맨 : 저희 회사 제품이 마음에 드셨는지요?

구매과 직원 : 네, 제품이 좋기는 한데 다른 회사 제품에 비해 값이 좀 비싸군요.

세일즈맨 : 다른 회사 가격은 얼만데요?

구매과 직원 : 그건 알려드릴 수 없지요. 하지만 이 제품보다 훨씬 싸답니다. 우리는 최저 가격만 맞출 수 있다면 품질 같은 건 별로 고려하지 않습니다. 이 제품의 질이 좋기는 하지만 다른 회사 가격이 우리가 생각하고 있는 구매 가격과 비슷합니다. 때문에 품질이 두 배 이상 뛰어나다고 해도 별다른 도움이 되지 않습니다.

세일즈맨 : 그래요? 잘 알았습니다.

세일즈맨은 회사에 돌아와 '경쟁사 제품의 가격은 우리 회사 제품 가격의 반값'이라는 보고서를 작성해 올렸다. 구매과 직원의 마지막 말을 제멋대로 해석한 것이었다.

구매과 직원은 다른 회사에서 제시한 판매 가격이 얼마인지 말한 적이 없다. 그는 세일즈맨에게, 제품의 가격을 좀 더 깎아 준다면 그 제품의 품질이 좋기 때문에 살 용의가 있다는 것을 넌지시 알리고 싶어서 그렇게 말했을지도 모른다.

그러나 세일즈맨은 구매과 직원의 의도를 다시 한 번 곰곰이 헤아려보지 않았다. 그는 자신이 처해 있는 입장이 매우 곤란한 지경이라는 것을 상관에게 알리는 데 더 급했던 것이다.

그는 구매과 직원에게 물건을 팔지 못한 원인은 자신의 무능력 때문이 아니고 오로지 제품의 가격이 비싸서였다고 스스로 믿고 싶었던 것이다. 이런 그의 생각이 구매과 직원의 말을 제멋대로 해석해버리는 결과를 낳은 것이다.

POINT ZONE

모든 일을 자기 식대로 해석하는 사람에게는 자기 말을 들어주는 상대방의 감정을 존중하기보다는 자신이 주장하고 싶은 의미를 상대에게 강요하거나 첨가하려는 버릇이 있다.

5

시간을 허비하게 만드는
침묵은 피하라

'침묵은 금이다'라는 말이 있다. 그러나 어떤 경우, 말을 아끼면 오히려 상대방을 혼란스럽게 만들고, 그 결과 양자 사이에서 오가는 이야기를 엉망으로 만들며 불필요하게 시간을 허비하는 결과를 초래하기도 한다.

아래의 대화는 시간을 허비하게 만든 침묵의 예다.

의사 : 목에 가벼운 통증이 생겼습니다. 소금물로 하루 세 번 양치질하고, 잠자리 들기 전에 아스피린을 설파제와 함께 잡수세요. 앞으로 3일 동안 하루 세 번 복용하면 완쾌될 겁니다.

환자 : 심하지 않아서 다행이에요. 인후염은 왜 생기나요?

의사 : 바이러스에 의해 전염되지요.

환자 : 그럼 남편이나 아이들에게 옮길지도 모르겠네요. 서로 떨어져 살아야 하나요?

의사 : 그럴 필요까지는 없어요. 하지만 가까이 앉아서 이야기를 나누지는 마십시오.

환자 : 소금은 얼마나 넣어야 하죠? 뜨거운 물로?

의사 : 티스푼으로 반 분량에, 미지근한 물이면 됩니다.

환자 : 잘 알았습니다. 그런데 설파제를 먹으면 어지럽지는 않나요?

의사 : 그런 일은 없습니다.

환자 : 주의해야 할 음식은 없나요?

의사 : 그런 건 없어요. 모든 일을 적당하게 하고 푹 쉬는 수밖에 없습니다.

환자 : 만약 낫지 않으면 월요일에 다시 올까요?

의사 : 그렇게 하세요. 하지만 곧 나을 겁니다.

만약 의사가 환자 입장이 되어 궁금하게 여길 사항들에 대하여 미리 말해주거나 지시 사항을 간단하게 정리해서 써주었다면, 이렇게 오랫동안 이야기를 나눌 필요는 없었을 것이다.

환자가 물어오기 전에 의사는 다음과 같이 말하는 게 훨씬 바람직하다.

"인후염에 걸리셨군요. 인후염은 바이러스에 감염된 단순한 염증에 불과하니까 약을 드시면 이삼 일 안에 완치됩니다. 아마 인후염을 앓고 있는 사람에게서 옮은 모양이지요? 식구들에게 감염될 수도 있으니까 나을 때까지 같은 컵으로 물을 마시거나 가까이 앉아서 얘기하지 마십시오.

여기 주의 사항을 적어놓았습니다. 하루에 세 번 미지근한 물에 티스푼 반 분량의 소금을 넣어서 양치질하세요. 약을 다 드시고도 낫지 않으면 다시 오세요. 하지만 그 안에 완치될 겁니다. 그밖에 궁금한 것이 있으면 물어보십시오."

POINT ZONE

말을 아끼면 오히려 상대방을 혼란스럽게 만들고, 그 결과 양자 사이에서 오가는 이야기를 엉망으로 만들며 불필요하게 시간을 허비하는 결과를 초래하기도 한다.

6

정확한 의사 전달 기술을
배워라

정확한 의사 전달이란 단순하게 말의 교환만을 뜻하는 것이 아니다. 그것은 사람과 사람의 마음이 서로 통할 수 있도록 하는 중요한 역할을 한다. 때문에 사람들은 대화를 나누면서 자신의 고민을 털어놓고 상대방에게 도움도 받는다. 즉, 어려운 상황을 극복하기 위해 서로의 마음과 뜻을 모아 돌파구를 찾는 하나의 수단인 것이다.

그런데 이처럼 서로의 마음이 하나로 통하려면, 인간적인 속성에 대처할 수 있는 여러 가지 기술들이 필요하다. 앞서 언급했듯이 변화를 싫어한다든가, 자기 생각에만 빠져 있다든가, 자기 식대로 해석하는 사람이 많은 현실에서 올바로 대처하려면 나름의 기술이 필요한 것이다.

그러나 이런 기술들은 습득하는 것만으로 충분하지 않다. 습득한 후, 그걸 응용하는 실전 비결을 익혀야 한다. 왜냐하면 배운 그대로 적용할 수 있는 상황만 벌어지는 것이 아니기 때문이다. 따라서 이런 기술들은 무엇보다도 끊임없는 연습이 필요하다.

다행스럽게도 이것은 한 번 배워놓기만 하면 다른 사람을 이해하기도 수월하거니와 내가 상대방에게 이해받는 데도 큰 도움이 된다. 여러 번 반복하여 익숙해질수록 훨씬 효율적으로 응용할 수 있을 것이다. 그래서 어떤 문제든지 바람직한 방향으로 풀어나갈 수 있을 것이다.

사람들은 대화 시 의사를 훌륭히 전달할 수 있는 방법을 개발하려고 노력한다. 예컨대 논리적으로 생각을 전개하고 말하는 방법을 소개한 책을 읽는다든가, 텔레비전의 대담 프로그램을 시청한다든가, 자신의 주장을 글로 적어 큰 소리로 읽어본다든가 하는 것이다.

그런데 이런 방법을 따로 공부해야 할 만큼 '이런 경우에는 이렇게 말하라'고 규정한 절대적인 대화법은 사실상 없다. 내가 전달하고자 하는 내용을 나름대로 명확하게 표현할 수 있다면 그것을 전달하는 방법 따위는 큰 문제가 되지 않는다. 즉, 화자가 매우 정확한 어휘나 방법으로 자신의 의사를 전달했다고 하더라도 청자가 받아들이는 태도에 따라 결과는 달라지는 것이다.

청자가 화자의 말을 듣는 태도는 여러 가지가 있다. 그것들 가운데 몇 가지만 간단하게 살펴보자.

첫째, 화자가 하는 말은 전혀 듣지 않는다. 이미 다 알고 있다는 듯한 태도다.

둘째, 아무 생각 없이 화자의 말을 듣는다. 건성으로만 듣고만 있기 때문에 대화가 끝나자마자 깨끗하게 잊어버린다.

셋째, 나름대로 생각하면서 듣는다.

이 세 가지 중에서 진정한 대화가 이루어질 수 있는 것은 세 번째의 경우다. 상대방의 태도를 관찰해서 이런 모습이 보이기 시작하면 그가 더 잘 들을 수 있도록 배려해주어야 한다. 즉, 자신이 말하고 있는 내용과 말하는 방법, 그리고 전달하는 자세 등을 다시 한 번 살펴보도록 한다. 그래서 만약 지나치게 서둘러 중요한 내용을 빠뜨렸거나 감정에 휩싸여 두서없이 전달하고 있다면 되도록 빨리 고쳐나간다.

사람은 누구나 이기적인 면을 갖고 있다. 때문에 상대방이 열심히 얘기하고 있을 때도 자신의 주변 일을 둘러보고 있는 경우가 많다. 물론, 당면한 자신의 문제에 더 깊이 몰두하는 것은 너무나 당연하다.

이처럼 사람은 타인에게 그가 관심을 쏟고 있는 일이나 고민을 털어놓는 말을 듣더라도 마치 자신의 일처럼 세심하게 신경을 기울이지는 못한다. 그러므로 나의 말이 상대방의 왕성한 호기심을 채워주거나 지적인 만족감을 충족시킬 수 없는 내용이라면, 그가 어떤 뚜렷한 목적을 갖고 들어주기를 원하는 것은 불가능한 바람일 뿐이다.

POINT ZONE

> 정확한 의사 전달이란 단순하게 말의 교환만을 뜻하는 것이 아니다. 그것은 사람과 사람의 마음이 서로 통할 수 있도록 하는 중요한 역할을 한다. 상대가 나름대로 생각하면서 듣는다면, 진정한 대화가 이루어질 수 있다.

7

상황에 알맞은
적절한 질문을 하라

　많은 사람이 생각을 말로 표현하는 것이 의사를 전달하는 방법의 전부라고 여긴다. 즉, '내 생각을 명확하게 정리해서 알아듣기 쉽게 설명했으니까 내가 할 일은 다 끝난 거야. 이제 그 내용을 이해하고 받아들여서 행동에 옮기느냐 마느냐 하는 것은 순전히 상대방 마음이지' 하고 생각하는 것이다. 때문에 대체할 다른 방법을 찾기 위해 최선의 노력을 기울이지 않는다.

　그런데 상대방의 마음을 움직이거나 사로잡으려는 목적을 갖고 있다면 이 방법만 사용해서는 이룰 수 없다. 그 까닭은 내가 썩 훌륭한 말로 생각을 표현했다고 해도 상대방은 흡족하게 받아들이지 않을 수 있기 때문이다. 그러므로 아예 내 쪽에서 방법을 바꿔 접근해야 한다.

그 방법이란, 내 말의 의미를 상대방 스스로가 새겨볼 수 있도록 끊임없이 자극하는 것이다. 다시 말해, 그의 외적인 관심보다는 내적 호기심을 끌어내는 게 더욱 효과적이라는 뜻이다.

예를 들면, 어떤 세일즈맨이 상품을 훌륭하게 설명했다고 해보자. 그러나 그의 고객은 사고 싶지 않다고 말했다. 이 경우 세일즈맨은 그의 책임을 다했다고 주장할 수 없다. 세일즈맨은 자기 목적을 앞세우기보다는 자신이 설명한 상품의 장점을 하나씩 분석하고 평가할 시간을 고객에게 주었어야 했다. 이렇게 할 때 고객의 닫힌 마음이 부드럽게 풀려서 서로의 생각이 활발하게 오가고 결국 구매를 유도할 수 있는 것이다.

그렇다면 내가 한 말의 의미를 상대방이 생각할 수 있게 하려면 어떻게 해야 할까? 이때 상황에 알맞은 적절한 질문을 한다면 그 문제는 간단히 해결된다.

상대방이 갖고 있는 정보를 끌어내기 위해 질문하기도 하지만, 여기에서의 질문은 내가 한 말의 진의를 상대방이 더욱 꼼꼼하게 검증할 수 있도록 유도하는 방법이다.

한편, 질문을 요령 있게 하면 아무리 복잡한 문제라도 그것을 풀 실마리를 금방 찾아낼 수 있다. 또한 질문은 자기 자신이나 상대방의 감정을 자극할 뿐만 아니라 심리 상태를 통찰할 기회를 제공하기도 한다. 때문에 나태해진 정신 상태를 팽팽하게 긴장시켜 활발한 두뇌 활동을 유도한다. 그러므로 질문을 시작하면 상대방은 막연하게 듣고 있던 수동적인 상태에서 능동적인 경청 자세로 바꾸게 된다.

예를 들어, 부장이 과장의 보고서를 평가하는 경우를 보자.

"이봐, 자네가 어제 올린 보고서에 대해 몇 마디쯤 하고 싶네. 결론부터 말하자면, 나는 자네가 그 보고서의 내용을 다시 고쳐 제출해주기를 바라네. 보고서 내용을 도저히 이해할 수가 없어서 말이야.

여러 번 되풀이해서 읽어보았지만, 자네가 뭘 말하려는지 의도를 정확하게 파악하기가 정말 어려웠거든. 자네는 자네의 생각을 썼을 뿐이네. 왜 그렇게 생각하고 있는지 그 이유는 전혀 밝히지 않았잖아.

예를 들어볼까? 자네는 자네 부하 직원들의 의욕이 떨어지고 있다고 썼던데, 그렇게 느낀 이유가 뭐지? 회사에 불만을 느끼고 있는 친구들이 많다는 말인가? 아니면 다른 회사로 옮겨가는 직원들이 늘어나고 있다는 것인가?

자네는 다른 것들도 이렇게 어정쩡하게 표현해놓았더군. 아무튼 문제가 있다고 판단했으면 그렇게 생각하게 된 동기를 제시했어야 하는 것 아닌가? 다음부터 보고서를 쓸 때는 이러한 점들을 잊지 말고 각별히 신경 써주길 바라네."

부장은 과장이 그런 방법으로 보고서를 쓴 이유가 궁금했던 것일까? 아니면 보고서에 대한 질책을 하고 싶었던 것일까?

부장의 말 속에는 이 두 가지가 뒤섞여 있다. 일부분에서 그는 과장의 태도가 불손하다고 판단해서 괘씸하게 여기고 있는 것처럼 보이기도 한다.

이런 상황에서 과장은 부장에게 불만을 느낄 확률이 높다. 만일 그렇다면 과장은 자신의 태도를 바꾸고 싶어 하지 않을 것이다.

부장이 다음처럼 요령 있게 말했다고 가정해보자. 다음과 같이 말한다면 과장은 점차 부장이 하는 말의 의미를 더 잘 이해할 수 있을 것이다. 그뿐만 아니라 그의 의견을 존중하기 시작할 것이다.

부장 : 자네가 제출한 보고서를 다른 것보다 주의해서 읽어보았네. 자네가 부하 직원들을 무척 아낀다는 사실을 잘 알고 있기 때문에 말이야. 그런데 내용의 의미를 파악하기가 쉽지 않았다네. 자네는 부서의 전반적인 상황에 대해 자네의 견해를 밝히고 있는데, 그 판단 근거에 대해선 거의 밝히고 있지 않았거든. 내 말뜻 알겠나?

♣ 부장은 말을 하면서 과장의 반응을 살피고 있다.

과장 : 제가 내용을 구체적으로 쓰지 않은 건 일부러 그런 겁니다. 부장님께서 검토하셔야 할 다른 서류들이 많이 있다고 생각했기 때문이죠. 그래서 내용을 간추려 꼭 필요하다고 판단되는 것만 적었는데요.

♣ 과장은 부장이 전달하고 싶어 하는 말의 내용을 이해하지 못할

뿐더러 받아들이려고도 하지 않고 있다.

부장 : 자네가 보고서를 보기 쉽게 요약한 점은 잘 알겠어. 하지만 자네가 그렇게 판단한 이유를 좀 더 자세히 알고 싶거든. 다시 말해서, 자네는 직원들의 사기가 떨어지고 있다고 했는데, 그 근거가 도대체 뭔지 궁금하단 말일세. 요즘 결근하는 직원이 부쩍 늘어났다는 것인지, 회사를 그만두고 싶어 하는 사람들이 많다는 말인지 종잡을 수가 없더군. 자네가 작성한 보고서 내용만으로 볼 때, 나는 사태가 얼마나 심각한지 납득할 수가 없어서 말이야. 혹시 시기적으로 직원들의 사기가 떨어질 때가 된 건 아닌가? 아무튼 자네가 더 명확하게 근거를 제시해주면 내가 대응책을 마련하는 데 큰 도움이 될 거라네. 그래서 말인데, 수고스럽겠지만 보고서를 한 번 더 작성해보면 어떨까?
♧ 부장은 과장의 입장을 충분히 이해하고 있다는 말을 하고, 예까지 적절하게 들어주었다. 그는 질문하는 내용으로 말을 끝맺은 후 과장의 반응을 주시하고 있다.

과장 : 부장님 말씀이 옳습니다. 그런데 저는 사기가 떨어지고 있다고 표현하면 모든 상황을 충분히 파악하실 줄 알았습니다. 게다가 부장님께선 제 판단을 신뢰하실 것이라고 믿었거든요. 변명 같지만 처리해야 할 일이 산더미처럼 쌓여 있어서

보고서를 작성하는 데 오래 매달려 있을 수가 없었습니다. 또 부장님께서 그처럼 자세하게 보고서를 읽어보실 줄은 몰랐거든요.

♣ 옳다고 말하기는 했지만, 이 단계까지 여전히 과장은 부장의 견해를 진정으로 공감하지 않고 있다.

부장 : 물론, 나는 자네의 판단을 믿지. 자네의 능력은 벌써부터 인정하고 있으니 의심하지 말게. 그런데 내가 하고 싶은 말은, 사기가 떨어진다는 표현을 놓고 역지사지로 생각해보라는 것이네. 내가 자네에게 직원들의 관리를 소홀하게 하고 있다고 말했다면 자네는 과연 어떻게 생각할까? '관리'라는 말의 뜻은 누구나 잘 알고 있지. 하지만 자네 역시 내가 그렇게 말하는 이유를 알고 싶지 않겠는가?

♣ 부장은 과장의 이해를 돕기 위해 입장이 바뀐 경우를 예로 들고 있다. 이 방법은 상대방이 폭넓게 생각하도록 하는 데 효과적이다. 부장은 또다시 질문으로 말을 끝맺고 과장의 반응을 관찰하고 있다.

과장 : 예, 그건 당연하지요. 직원들을 소홀하게 관리하고 있다고 판단하는 그 이유를 알고 싶겠지요.

부장 : 그것 보게나. 자네가 만약 내게 그 이유를 물었다면, 그것은 내 판단을 의심하고 있다는 것을 암시하기 위해서일까?

과장 : 그렇지는 않지요. 그건 좀 더 자세하게 알고 싶어서 드

리는 질문일 뿐이겠지요.

부장 : 이해해주니 고맙군. 그렇다면 자네가 내 입장에 있더라도 나처럼 했을 거라는 생각이 들지 않나?

과장 : 부장님, 말씀 잘 알았습니다. 앞으로는 한 번만 읽어도 잘 이해하실 수 있도록 보고서를 자세히 작성하겠습니다.

대화의 과정을 간단하게 요약해보자.

처음부터 부장은 과장에게 무엇이 문제가 되고 있는가를 생각해보도록 만들기 위해 질문하고 있다.

과장은 부장의 뜻을 잘못 판단해서 마치 항의하는 듯한 자세를 보인다. 부장이 이번에는 과장에게 입장을 바꿔 생각해볼 것을 권한다.

비로소 과장은 부장의 의도를 이해하고 따른다.

이와 같은 대화를 하려면 시간이 다소 오래 걸린다. 그러나 효과는 더 크게 나타난다. 두 사람이 상호 마음을 확실히 이해할 수 있게 되기 때문이다. 그래서 관계는 더욱 원만해지고 함께 힘을 모아 일을 처리해나갈 수 있다.

POINT ZONE

상대방의 마음을 움직이거나 사로잡으려는 목적을 갖고 있다면 상대방의 외적인 관심보다는 내적인 호기심을 끌어내는 게 더욱 효과적이다.

8

상대방에게
새로운 가치관을 던져라

사람들은 살아가면서 나름대로의 가치관을 세운다. 때문에 누구나 문제, 사물 등과 마주칠 때 자신도 의식하지 못하는 사이 그 가치관에 의거하여 생각하고 판단을 내린다.

그런데 사람들은 대개 자신의 가치관에 만족할 뿐만 아니라 결정을 내린 내용에 대해 안심하는 버릇을 갖고 있다. 마치 아기가 엄마 품속에서 가장 큰 편안함과 행복을 느끼는 것처럼 말이다.

그만큼 사람들은 될 수 있는 한 자신의 가치관이나 생각하는 방법 등을 바꾸려 하지 않는다. 왜냐하면 그들은 새로운 것들을 수용할 때 발생할 여러 가지 생활의 불편함을 경험하고 싶어 하지 않기 때문이다.

그래서 그들은 상대의 말이 논리적이거나 이치에 들어맞더라도 자신의 가치관을 버리면서까지 수용하지 않는 것이다.

그렇다면 상대방의 가치관이나 생각을 당신이 원하는 방향으로 바꾸고 싶을 때는 어떤 방법을 사용해야 할까? 이해하기 쉽게 의류판매 방법에 빗대어 알아보자.

한 여자가 상점에서 옷을 고르고 있고, 점원이 그녀를 도와주고 있다. 그녀는 조금 뚱뚱한 체형이다. 그녀는 상표에 표시된 사이즈만 확인하고 옷을 구입했다가 실패한 경험을 몇 차례 갖고 있다. 그래서 그녀는 디자인과 색상이 마음에 꼭 들더라도 한 번 입어본 후 구입을 결정하는 습관을 갖고 있다.

그녀는 마침 진열된 옷 중에서 자신에게 잘 어울릴 것 같은 꽃무늬 원피스를 발견했다. 옷 사이즈는 그녀가 늘 입는 것이었다. 그런데 옷의 디자인은 그녀의 체형을 고스란히 드러내주는 공주풍 라인이다. 그녀는 허리 사이즈가 늘어난 이후로 공주풍 라인의 옷을 입은 적이 거의 없다. 그런 옷을 입으면 더 뚱뚱해 보일까 봐 염려되었기 때문이다. 그러나 그녀는 이 옷을 포기할 수 없었다. 그녀는 망설이기 시작했다. 점원은 그녀의 이런 마음을 재빨리 눈치챘다.

점원은 부드럽게 미소 지으며 그 옷을 입어보라고 말했다. 또한 옷이란 입어보기 전까지는 자신의 분위기와 어울리는지, 몸에는 잘 맞는지 알 수 없다는 말을 친절하게 덧붙였다.

그뿐만 아니라 그녀의 피부가 하얗기 때문에 꽃무늬 원피스를 입은 모습은 한층 더 아름다울 것 같다고 했다. 점원은 그녀가 결코 뚱뚱하지 않으며, 그 옷을 입으면 더 날씬해 보일 것이라고 말함으로써 그녀에게 용기를 북돋아주었다.

그녀는 드디어 옷을 갖고 탈의실로 향했다. 점원의 말은 결코 과장된 것이 아니었다. 그녀의 몸매는 뚱뚱하지 않았고, 그녀의 모습은 꽤 근사했다. 그녀는 흡족한 마음으로 옷값을 지불했다. 그 후 그녀는 자신감을 갖고 허리 라인이 강조된 옷을 입을 수 있게 되었다.

점원이 옷을 팔 수 있었던 이유는 무엇일까? 바로 고객에게 수용할 만한 근거를 들어 옷을 입어보게 만들었기 때문이다.

상대방의 가치관이나 생각을 바꾸기 위해서는 그 상대에게 어떤 새로운 것을 천천히 비교할 기회를 제공해주어야 한다. 상대방이 그 과정이 어렵지 않을 뿐만 아니라 오히려 새로운 게 도움이 된다는 사실을 깨닫게 되면 강요하지 않더라도 스스로 '자신의 것'을 포기할 수도 있는 것이다.

물론 새로운 것을 수용하는 일은 상대방에게 자존심이 걸린 문제라는 사실을 잘 알아야 한다.

자존심이 강한 사람들은 다루기가 힘들다. 뭔가 일을 부탁하려 해도 묘하게 신경이 쓰이는 것이다. 그 일이 싫은 일이나 부탁하기 어려운 일이라면 더욱 그렇다.

이와 같은 타입의 사람으로 하여금 부탁하기 어려운 일을 자진해서 떠맡게 하려면 무엇보다도 그의 자부심을 슬며시 부추겨주어야 한다.

원래 자존심이 강한 사람 중에는 자신감에 차 있는 사람이 많다. 그들은, 자기는 다른 사람과는 다르기 때문에 하는 행동도 뭔가 달라야 한다고 생각한다.

상대방을 중요한 인물로 대우하면서 성의를 가지고 협력을 요청하면 적대자도 친구로 만들 수 있다. 인간은 누구나 신뢰와 존경을 받게 되면 나쁜 생각을 하지 않는다. 설령 그것이 겉치레라는 것을 알고 있다 하더라도 칭찬은 기분 좋은 것이다. 자부심이 높은 사람일수록 이런 경향이 짙다.

그러므로 일을 부탁하는 쪽은 '왜 당신에게 부탁할 수밖에 없는지', 그 점을 강조해야 한다. 많은 사람 중 특별히 당신을 택했다는 인상을 주는 게 중요한 키포인트다.

"당신밖에 할 사람이 없다고 생각되기 때문에 부탁하는 겁니다"라고 서두를 떼면 실로 대단한 효과를 발휘할 수 있다.

어느 인사부장이 부하 직원을 지방으로 전근시켜야 했을 때의 일이다.

그는 먼저 부하 앞에서, 부하가 전근갈 그 지방 영업소에 대해 마구 욕을 했다. 그러고는 "그대로 두면 그 영업소는 조만간에 폐쇄해야 할지도 모를 지경이다. 지금 서둘러 손을 쓰지 않으면 안 된다. 그러나 아무나 가서 될 일이 아니다. 정말 실력 있고 정열적인 사람이 아니면 안 된다"고 강조하고, "너밖에 없다"고 힘주어 말했다.

전근 명령을 받을 당시만 해도 몹시 기분이 상해 있던 부하는, 인사부장의 이야기를 듣는 동안 어느새 새로운 의욕과 자부심까지 생겨 밝은 얼굴을 하고 전근지로 떠날 수 있었다. 그 인사부장의 회사에서는 전근 문제 때문에 말썽이 일어난 일이 아직 한 번도 없다.

이는 인간의 심리를 교묘하게 이용한 멋진 대화법이 아닐 수 없다.

거듭 말하지만, 자존심이 강한 상대는 자부심을 부추겨서 어려운 부탁을 자발적으로 떠맡게 하는 것이 최고의 방법이다.

POINT ZONE

새로운 것을 수용하는 일은 상대방에게 자존심이 걸린 문제라는 사실을 잘 알아야 한다.

9

세련된 질문으로
상대를 설득하라

세련된 질문은 논리정연한 말보다 설득력이 몇 배나 강하다. 때문에 내가 원하는 방향으로 상대방의 생각을 돌려놓기 위해서는 반드시 뚜렷한 목적을 갖고 명확하게 질문해야 한다.

한 영업부장과 판매 성적이 저조한 부하 직원이 이야기를 나누고 있다. 부장은 각 단계별로 적절한 질문을 해서 부하 직원의 생각을 바꿔놓는 데 성공하고 있다.

부장 : 자네의 판매 실적에 대해 이야기 좀 하고 싶은데 말이야. 자네 담당 구역은 지난 삼사 개월 동안 매상이 형편없던데, 도대체 그 이유가 뭐지?

직원 : 저도 그 이유를 잘 모르겠습니다. 아무튼 고객들이 그

물건을 예전처럼 많이 찾지 않는 것은 사실입니다. 다른 업체도 판매가 부진해서 다들 애를 먹고 있는 것은 아닐까요?

♣ 직원은 자신의 잘못을 다소 인정하는 듯하다. 그러나 한편으로는 그 책임을 고객에게 떠넘기려 애쓰고 있다.

부장 : 내가 알기론 다른 회사는 그런대로 판매율을 유지한다더군. 아니, 우리도 판매율이 그렇게 많이 떨어진 구역은 없어. 그래서 나는 자네하고 그 원인을 짚어보고, 나아가 매상을 높일 방법까지 찾아보았으면 싶네.

♣ 부장은 부하 직원의 자존심을 건들지 않도록 주의하면서 그가 자신의 생각을 받아들일 수 있게 노력하고 있다.

직원 : 저는 크게 걱정하지 않습니다. 이제 곧 나아지겠죠.

부장 : 과연 그렇게 될까? 지난 반년 동안 자네가 제출한 보고서를 다시 한 번 읽어보았지. 그런데 아무리 생각해도 자네는 새로운 시장을 개척하기 위해서 최선을 다하는 것 같지가 않네. 혹시 기존 거래처만 찾아다니는 건 아닌지 의문스럽기도 하네. 판매를 촉진시키려면 시장 개척이 무엇보다도 중요하다는 사실을 잊어버린 건 아니겠지?

♣ 부장은 객관적인 자료를 제시한 후 부하의 반응을 알아보기 위해 질문한다.

직원 : 잊을 리가 있겠습니까? 하지만 부장님께서도 아시다시피, 제가 둘러보아야 할 구역은 너무 넓습니다. 그러니 새 거래처를 만들 틈이 전혀 없습니다.

부장 : 하지만 좀 더 신중하게 생각해보게. 자네 보고서에 의하면, 자네는 A 상점을 한 달에 서너 번씩이나 찾아가고 있지 않은가?

직원 : 그곳은 제 담당 구역 안에서 제일 크지요. 판매율이 다른 곳보다 높은 것은 너무 당연하고요. 때문에 그곳을 놓치면 엄청난 손해를 입게 될뿐더러 결국 다른 회사에 좋은 일만 시키는 겁니다.

부장 : 그런 곳이라면 더욱더 신경을 써야지. 그런데 한 달에 방문하는 횟수를 반 정도 줄이면 어떨까 싶네.

직원 : 글쎄요. 그쪽에서는 저를 열흘에 한 번 정도는 만났으면 하는 눈치던데요?

부장 : 그걸 모르는 건 아니야. 하지만 지금까지 해온 걸로 봐서는 자네가 방문을 덜 한다고 거래에 이상이 생길 것 같지는 않네. 자네 생각은 어떤가?

직원 : 거래가 줄어들 리는 없지요.

부장 : 그러면 그 시간에 다른 거래처에 가볼 수 있지 않을까?

직원 : 네, 부장님의 말씀 잘 알겠습니다.

부장 : 그런데 여기 보고서에 의하면 자네는 B 상점 쪽은 2개월에 한 번 정도밖에 가지 않더군.

직원 : 네. 그쪽은 A 상점에 비하면 매상이 30퍼센트밖에 되지 않거든요.

부장 : 그건 그렇지. 하지만 그곳은 사람들이 많이 사는 지역이어서 잠재 구매력이 높은데, 우리가 너무 방심하고 있는 건 아닐까? 라이벌 회사의 제품이 진열대를 몽땅 차지하게 되는 건 아닌지 모르겠군.

직원 : 저도 그게 고민입니다. 그쪽은 제가 신신당부를 하는데도 별로 신경을 써주지 않거든요.

부장 : 그러면 앞으로 그쪽을 자주 방문하여 직원들과의 관계를 좀 더 발전시키면 어떨까? 그러면 거래량도 늘어날 수 있지 않을까?

직원 : 잘 알았습니다. 다른 상점도 문제점이 없는지 다시 한번 검토해보겠습니다.

부장 : 잘 생각했네. 무슨 좋은 계획이라도 갖고 있나?

♣ **부장은 부하 직원이 계획을 더욱 명확하게 세우는 데 도움을 줄 만한 질문을 하고 있다.**

직원 : 아직 뚜렷하게 떠오르는 방법은 없습니다. 하지만 거래가 안정적인 곳의 방문 횟수를 최소한으로 줄이고, 대신에 잠재력은 높지만 매상이 낮은 곳을 찾아다니겠습니다. 또한 새로운 거래처도 확보해보겠습니다.

부장 : 아주 훌륭한 생각일세. 자네는 틀림없이 잘해낼 수 있을

거야.

♧ 부장은 부하 직원의 적극적 사고방식을 칭찬하고 격려를 아끼지 않는다.

위 대화에서 알 수 있듯이, 부장은 자신의 목적을 이루는 데 알맞은 질문 방법을 선택하여 펼치고 있다. 그 특징은 다음과 같다.

첫째, 부장은 불필요한 논쟁을 피하고 있다.

둘째, 자신의 주장을 부하 직원에게 강요하지 않는다.

셋째, 자신이 갖고 있는 생각을 한 가지씩 나누어 질문함으로써 상대방이 질문 내용을 다시 한 번 생각해본 후 대답하도록 만든다.

넷째, 상대방이 두뇌를 활발하게 움직여 스스로 계획을 세우고 실천하도록 유도한다.

위 방법들은 상대방의 마음을 사로잡는 데 매우 효과적인 대화법이다.

POINT ZONE

원하는 방향으로 상대방의 생각을 돌려놓기 위해서는 반드시 뚜렷한 목적을 갖고 명확하게 질문해야 한다.

10
대화의 주도권을 잡는 방법

'질문'을 다르게 표현하면, 상대방에게 '주제'에 대해 생각해 보라고 요청하는 것이다. 요컨대 질문은 상대방으로 하여금 생각하게 만드는 것이다. 그러므로 상대방의 활발한 생각을 유지시키려면 질문을 멈추지 말고 계속해야 한다. 이 방법은 대화의 주도권을 확실하게 잡을 수 있도록 도움을 준다.

세일즈맨이 거래처 사장에게 질문을 계속하면서 대화의 주도권을 잡게 되는 경우를 살펴보자.

세일즈맨 : 각종 테스트 결과, 저희 회사 제품이 다른 회사 제품들의 평균 수명보다 25퍼센트 이상 오래 쓸 수 있다고 판명되었습니다. 하지만 가격은 똑같지요. 때문에 긴 안목으로 본

다면 저희 회사 제품이 훨씬 더 유리합니다. 이 점을 생각해보셨습니까?

거래처 사장 : 그 기계를 쓰면 지금보다 절약이 된다는 사실은 나도 잘 알고 있어요. 하지만 지금 쓰고 있는 것도 그다지 탈이 없고, 더욱이 직원들은 이 기계에 익숙해져 있거든요.

세일즈맨 : 익숙해져 있다고 말씀하시는 건 기계가 말썽을 부리지 않는다는 뜻인가요?

거래처 사장 : 가끔씩 고장이 나기는 하지만 큰일이 날 정도는 아니에요. 어차피 고장 없는 기계란 기대할 수 없으니까요.

세일즈맨 : 옳은 말씀입니다. 그런데 어떤 종류의 고장들이죠?

거래처 사장 : 별로 대수롭지는 않은 거예요. 하지만 기계들의 수명이 좀 짧은 것 같아요.

세일즈맨 : 기계를 교체하면 발생할 혼란이 얼마나 클까요?

거래처 사장 : 언젠가 작업 능률이 오르지 않자, 직원들이 새로 들여놓은 기계 때문이라고 불평들을 했어요. 하지만 그런 건 금방 극복할 수 있었죠.

세일즈맨 : 그럼 사장님께서는 그런 작은 혼란이 일어날까 봐 경비를 절약할 수 있는 방법을 애써 외면하고 계시는 건가요?

거래처 사장 : 뭐, 꼭 그런 것은 아니지만 나는 직원들이 불평을 늘어놓는 소리는 정말 듣기 싫거든요. 솔직하게 말해서 기계의 수명이 짧아서 불만이었어요.

세일즈맨 : 그러시다면 같은 값인데 저희 회사 제품을 시험 삼

아 써볼 수 있도록 해주시지 않겠습니까? 저희 회사 제품의 성능도 알아보고 현장 직원들의 반응도 살펴볼 겸 해서 말입니다.

세일즈맨은 결국 자신의 회사 제품을 거래처 사장에게 팔 수 있었다. 세일즈맨은 지속적인 질문으로 대화 주도권을 잡고 거래처 사장 스스로가 생각할 수 있게 만들었고 마침내 거래 성사까지 이끌었다. 거래처 사장은 세일즈맨의 질문에 대답하면서 자신의 생각이 이치에 맞지 않는다는 점을 현실적으로 깨닫게 된 것이다.

POINT ZONE

상대방의 활발한 생각을 유지시키려면 질문을 멈추지 말고 계속해야 한다. 이 방법은 대화의 주도권을 확실하게 잡을 수 있도록 도움을 준다.

CHAPTER 4

상대방의 감정에 대처하라

경솔한 언사를
피하라

감정은 사람에 따라 제각기 다르게 표현된다.

예를 들어, A가 B와 C에게 거짓말쟁이라고 욕했다고 치자. A의 말을 듣자마자 B는 얼굴을 붉히고 삿대질까지 하며 화를 낸다. 그러나 C는 아랫입술을 꽉 깨물고 A를 쳐다보고 있을 뿐이다.

이처럼 똑같은 자극을 받았을지라도 사람들은 자기만의 방식으로 감정을 표출한다. 동일한 상황을 놓고 저마다 다른 방식으로 감정을 표현하게 되는 이유는 무엇일까?

사람이 드러내는 감정적 반응은 현재의 내적 상태, 즉 마음의 상태에 크게 좌우되기 때문이다. A가 욕을 할 때 B는 배가 몹시 고픈 상태였고, C는 조금 전에 음식을 배불리 먹었는지도 모른다.

상대방이 처한 현재의 상황을 파악할 때, 표정이라든가 차림새만 관찰한 후 그가 어떤 반응을 보일 것이라고 섣불리 예단해서는 안 된다.

상대의 내적 상태를 내 마음 들여다보듯 읽을 수는 없다. 따라서 상대가 감정을 어떻게 표현할지 정확히 안다는 것은 어불성설이다. 왜냐하면 상대가 기쁨, 근심, 불만 등의 감정을 드러내는 데에는 저마다 처한 개인적 상황에서의 다양한 자극이 원인으로 작용하기 때문이다.

감정은 매우 솔직하게 반응하는 것으로, 자극이 크면 크게, 작으면 작게 표출되게 마련이다. 상대에게 접근할 때, 이러한 속성을 염두에 두었다면 경솔한 언사 및 행동을 최대한 자제해야 한다. 그렇게 할 때 갈등 국면을 사전에 차단할 수 있다.

POINT ZONE

> 상대방이 처한 현재의 상황을 파악할 때, 표정이라든가 차림새만 관찰한 후 그가 어떤 반응을 보일 것이라고 섣불리 예단해서는 안 된다.

2

타인의 문제점을
지혜롭게 지적하라

박 대리는 늘 회사에 출근하자마자 곧바로 싸 가지고 온 아침 식사를 한다. 제법 긴 시간 동안 토스트와 감자튀김을 먹는다. 온 사무실에 음식 냄새를 풍기며 식사하는 모습은 아무래도 보기에 썩 좋지 않다. 노 팀장은 한번 주의를 주어야겠다고 생각했지만, 근무 시작 전 출근 시간에 배를 채우면 안 된다는 사규가 있는 것도 아니라 난감하다.

여자 사원 김 대리는 화장이나 의상이 지나치게 야한 편이다. 성실함을 지향하는 회사의 직원으로서는 차림새가 지나치다. 손톱도 너무 길고 입술 색깔도 새빨간 것이 너무 진하다. 게다가 요즘에는 허벅지가 너무 드러나는 짧은 스커트를 입고 다닌다. 유행 패션이라고는 하지만 회사의 이미지를 생각할 때

부적절한 차림새다. 무엇보다도 남자 사원을 너무 자극하고 사무실을 방문하는 손님들의 눈길을 쓸데없이 끈다. 노 팀장은 어떤 조치를 취하지 않으면 안 되겠다고 생각했다. 그러나 그러기에 앞서 결국 부장이 한 소리를 했다.

"당신네 부서에 멋쟁이 아가씨가 있더구먼. 김 대리라고 했던가, 그 여사원? 그 친구에게 미안한 말이지만, 무슨 유흥업소 여자 같지 않나? 그런 차림이 우리 회사 성격과 어울린다고 생각하나? 노 팀장, 알아서 좀 주의를 주게나."

이제 더 이상 방관할 수 없게 되었다. 그렇다고 해서 정면으로 주의를 주면 반발을 살지도 모른다.

"어머, 이건 절대적으로 사적인 문제 아닌가요? 우리 회사 사규에 짧은 치마는 입지 못하도록 돼 있나요?"

물론 사규에 그런 게 있을 리 없다. 노 팀장은 그런 반응에 오히려 말문이 막힐지도 모른다. 지극히 사적인 문제이므로, 두 사람 모두에게 노골적으로 주의를 주면 그들의 자존심을 상하게 할 수도 있다. 그래서 사람에게 주의를 주거나 비판하는 말은 화술에서도 상당히 어려운 것이다. 특히 여직원의 화장이나 의상에 관한 이야기는 더욱 그렇다.

과연 어떻게 해야 좋을까? 우선 여러 사람 앞에서 공공연하게 주의를 주는 것이 효과적인가, 아니면 본인만 조용한 곳으로 불러 몰래 주의를 주는 것이 효과적인가?

모든 사람 앞에서 공식적으로 대놓고 주의를 주는 편이 효과적일 경우도 있으나 일반적으로 당사자 한 사람만 따로 불러서 주의를 주는 편이 부작용을 방지하는 차원에서 훨씬 좋다.

또한 주의를 주기에 앞서, 먼저 장점을 찾아내 그것을 칭찬한다. 그러고는 이 점을 고치면 더욱 좋겠다는 식으로 말하는 게 이런 상황을 풀어가는 정석이다.

심리학자들은 이렇게 말하고 있다.

"어리석은 사람만이 타인을 노골적으로 비판한다."

이 말을 염두에 두고 그렇다면 타인의 문제점을 꼬집되, 지혜롭게 비판하는 또 다른 요령은 무엇일까?

첫째, 웃는 얼굴로 애정이 가득한 어조로 비판한다.

둘째, 상대방이 흥미를 가질 만한 방법으로 접근한다. 상대방에게 부담이 가지 않도록, 그리고 동료들이 알지 못하도록 접근한다.

셋째, 건설적으로 비판한다. 그리고 그 방법을 제시한다. 결점을 깨닫게 하는 것만으로 끝내서는 안 된다. 어떻게 지적해야 좋을지 자신이 서지 않으면 차라리 가만히 있는 게 낫다.

넷째, 비판이 끝났을 때는 다시 한 번 장점을 칭찬해주면서 등을 토닥토닥 다독여주어라.

이 사항을 김 대리 상황에 적용하면 다음과 같다.

"김 대리, 요즘 일솜씨가 많이 나아졌던데? 정말 열심히 하고 있어."

여기에 외모 칭찬을 곁들이는 것도 좋다.

"오늘 헤어스타일 정말 멋진데? 김 대리는 언제 봐도 매력적이란 말이야!"

이때 조심해야 할 것은, 거짓말 혹은 놀리는 말로 상대가 받아들이지 않도록 해야 한다는 점이다.

그러고는 상대가 흥미를 가질 만한 화제, 김 대리의 경우 최근의 패션으로 본론에 접근한다. 그러면서 스커트는 약간 긴 편이 더 멋질 것 같다고 건설적으로 지적하면 된다. 그 다음, 반드시 등을 다독일 필요는 없지만 그런 기분으로 대화를 마무리하면 되는 것이다.

아이들의 예절 교육에서도 마찬가지다. 아이들이란 원래 버릇이 없게 마련인데, 대부분의 부모는 매를 들거나 버럭 소리를 지르며 윽박지르는 방법을 택한다. 그럴 때 아이들은 어떤 반응을 보이는가? 대개는 그 즉시 순종한다.

그러나 과연 진정으로 교정된 것일까? 천만의 말씀이다. 그것은 공포의 결과일 뿐이다. 따라서 부모의 눈길이 미치지 않는 곳에 가면 그 버릇은 금세 다시 나타날 것이고, 심지어 반발심에서 더욱 버릇이 나빠지는 결과를 초래할 수도 있다.

교육이란 장거리 마라톤 경주 같아서 꾸준한 인내심을 가지고 해나가야 한다. 이 교육 문제의 경우에도 위와 같은 원칙으

로 해보면 좋을 것이다. 다소 더디고 힘이 들겠지만 충분히 보
람 있는 결과를 얻을 수 있을 것이다.

POINT ZONE

모든 사람 앞에서 공식적으로 대놓고 주의를 주는 편이 효과적일 경우
도 있으나 일반적으로 당사자 한 사람만 따로 불러서 주의를 주는 편이
부작용을 방지하는 차원에서 훨씬 좋다.

3

비협조적인 고객에게는
더 정중하게 대하라

감정은 인간의 무의식 안에 숨어서 어떤 행동을 하도록 부추긴다. 그래서 사람은 자신이 현재 화를 내고 있다고 즉각적으로 인식하지 못한 채 화난 행동을 서슴지 않는다. 또 아무 이유도 없이 비애, 불안감 등에 사로잡혀 지내기도 한다.

이러한 무의식의 감정에 사로잡혀 있는 상대를 다루려면 어떤 방법을 동원해야 할까? 예를 들어보자.

세일즈맨이 비협조적인 고객과 이야기를 나누고 있다. 고객은 세일즈맨을 외면한 채 건성으로 대답한다.

고객은 어서 빨리 세일즈맨이 돌아가기를 바라고 있다. 고객의 마음속에는 불쾌한 감정이 있기 때문에 애초부터 세일즈맨에게 친절할 수 없다.

만약 고객이 차분하게 안정된 상태에서 세일즈맨을 만났다면, 그는 세일즈맨에게 "저는 아무것도 필요하지 않아요"라고 한마디쯤은 말해주었을 것이다.

세일즈맨은 자신이 기울여온 노력이 헛수고가 되지 않도록 다음과 같은 대화법을 사용했다.

이는 고객 스스로 자신의 감정을 알아차리도록 이끄는 방법이다. 중요한 점은 고객이 자신의 현재 감정에 주의를 집중할 수 있도록 유도하는 것이다.

드디어 세일즈맨은 조심스럽게 입을 열어 고객의 감정을 일깨우기 시작한다.

"실례지만 고객님! 혹시 저나 저희 회사에 불만스러운 점이 있으신가요? 저희 회사 제품을 살펴보지도 않으신 것 같은데, 그렇다면 할 수 없지요. 오랜 시간 고객님의 기분을 헤아리지 못하고 머물러서 죄송합니다. 만약 저나 저희 회사에 불만족스러운 점이 있다면 무엇이든 말씀해주십시오. 저희가 할 수 있는 일이라면 최선을 다해 서비스해드리겠습니다."

이렇게 세일즈맨의 정중한 말을 들은 고객은 한 번쯤 자신의 감정을 되돌아보게 된다. 분명 그는 '왜 내가 신경질을 내고 있을까?', '이 사람은 왜 내가 화를 내고 있다고 생각하는 것일까?' 하고 반성할 것이다.

고객은 아침에 있었던 다른 일 때문에 계속 기분이 좋지 않은 상태였고, 그 기분이 여전히 지속되고 있다는 사실을 깨닫는다. 그러자면 고객은 세일즈맨에게 미안한 마음을 갖게 되고, 그것을 표현할 것이다.

만약 고객이 세일즈맨이나 회사에 불만을 품고 있었다면, 그 이유를 말할 수도 있다. 결국 세일즈맨은 고객의 자기감정 상태를 깨닫도록 유도함으로써 그의 감정적 긴장을 풀어줄 수 있었다.

이후부터 두 사람의 대화 분위기는 새롭게 그리고 부드럽게 바뀌었다. 상품 구매 단계까지 간 것은 물론이다.

POINT ZONE

비협조적인 상대와 이야기를 나눌 때, 먼저 상대가 자신의 현재 감정에 주의를 집중할 수 있도록 유도해야 한다.

상대방의 감정을
솔직하게 수용하라

그녀가 친구를 찾아와 마음속에 있는 괴로움, 슬픔, 분노 따위의 감정들을 마구 쏟아냈다.

친구는 그녀의 말을 들으면서 고개를 끄덕이거나 다정스레 손을 잡아주었다. 그녀는 차츰 평온함을 되찾았고, 눈물도 그칠 수 있었다.

이처럼 극단적으로 흥분된 감정을 밖으로 표출하는 사람의 기분을 안정시키려면, 어떤 비판이나 결정은 뒤로 미루는 것이 현명하다. 듣고 있는 사람은 자신의 느낌 드러내기를 잠시만이라도 자제할 필요가 있다. "왜 나를 찾아와서 그런 하소연이나 늘어놓느냐?"며 나무라서는 안 된다.

복잡한 감정을 품게 된 상대는 그것을 누군가에게 털어놓고 위로받고 싶어 한다. 이런 일은 사람이라면 누구나 경험하는 것이기에 일단 비난을 접어두는 게 상대방을 돕는 가장 좋은 방법이다.

그 누구도 감정을 100퍼센트 완전하게 억제할 수 없다. 어떤 감정을 가졌을 때 그것에 상응하는 행동은 의지로 참을 수 있다. 그러나 감정을 품는 일은 의지로도 막을 수 없다. 때문에 상대방에게 "그런 감정을 품어서는 안 된다"라고 말한다면 상대는 우울감에 빠진다. 왜냐하면 상대방은 자신이 그런 감정을 자제할 수 있었음에도 그러지 못했다는 자괴감을 갖게 되기 때문이다.

한편, 상대방이 화를 내거나 불안해한다면 "당신의 기분을 잘 안다"고 말하는 게 좋다.

사례를 들어보자. 거래처 사장이 납품이 늦었다는 이유로 세일즈맨에게 화를 냈다.

"상품을 제때에 납품도 해주지 못하면서 계속 거래 유지를 부탁하다니, 자네 너무 뻔뻔스럽다고 생각하지 않아? 제품이 늦게 도착해서 내가 얼마나 손해를 본 줄 알기나 해?"

세일즈맨은 일의 자초지종을 설명하기 전에 거래처 고객의 감정을 풀어주려고 했다.

"사장님, 납품이 늦어져 정말 죄송합니다. 본의 아니게 피해를 입혀드렸군요. 손해는 얼마나 보셨습니까? 지금이라도 저희가 도와드릴 일은 없을까요?"

이와 같은 세일즈맨의 말에 거래처 사장의 기분은 어느 정도 누그러졌다.

세일즈맨은 조심스럽게 배달 실적이 좋았던 사례를 얘기했다. 이번에는 약간의 착오 때문에 납품이 늦어졌는데, 다시는 이런 일이 없도록 하겠다고 다짐함으로써 회사와 자신에 대한 신뢰를 복원하려고 애썼다.

상대의 감정은 물론이거니와 자신의 감정을 분명하게 알려고 하는 습관이 매우 중요하다. 항상 감정을 솔직하게 인정하고 수용해야 한다.

어떤 감정이든 먼저 인정하고 받아들인다면 행위 또한 쉽게 자제하고 대응할 수 있을 것이다. 만약 감정이라는 것을 끝까지 외면하고 부정한다면, 그 감정에서 비롯된 문제는 생각 이상의 심각한 상황을 몰고 올 것이다.

POINT ZONE

> 상대의 감정은 물론이거니와 자신의 감정을 분명하게 알려고 하는 습관이 매우 중요하다. 항상 감정을 솔직하게 인정하고 수용해야 한다.

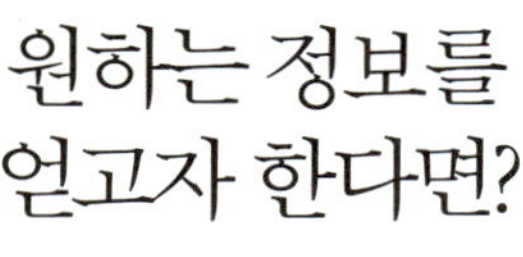

5
원하는 정보를
얻고자 한다면?

다른 사람에게 필요한 정보를 알아내려면 어떻게 해야 할까? 무엇보다도 우선 "나에게 정보를 제공해주십시오" 하며 적극적으로 요구하는 자세를 갖추어야 한다.

만약 상대방이 정보를 알려주려고 하지 않을 때는 어떻게 하는 것이 좋을까? 그때는 상대방의 주의력이 나에게 집중될 수 있도록 온갖 노력을 기울여야 한다. 그러면 상대방은 나의 행동을 주시하면서 마음속으로 갈등하기 시작한다.

그런데 상대방이 정보를 제공하지 않으려는 이유는 대개 두 가지 때문이다.

첫째, 자신의 주의력을 산만하게 만들고 싶지 않기 때문이다. 자기 나름대로 하는 있는 일이 있고, 또 어떤 중요한 일에 매달려 온 정신을 쏟고 있다. 그런 와중에 정보를 요구한다면, 자신이 하고 있는 일이나 생각을 중단해야 한다. 상대의 입장에서 이런 상황은 매우 번거롭고 귀찮은 것일 수도 있다.

둘째, 정보의 비밀을 지키고 싶어 하는 마음이 있기 때문이다.

자신이 갖고 있는 정보를 되도록 다른 사람에게 알리지 않는 것이 제일 안전하고, 또 안심할 수 있다고 믿는 것이다. 때문에 정보 제공을 위해 어떤 노력을 기울여도 입을 굳게 다물어버린다. 그러나 그 역시 감정을 지니고 있는 사람이므로 거절함에도 계속 정성을 기울인다면 정보를 알려줄 수도 있다.

한편, 이런저런 과정 끝에 정보를 알려주는 심리에는 사실, 또 다른 욕구가 숨어 있다. 바로 그의 마음속에는 자신의 소유물을 다른 사람에게 적극적으로 알리고 싶어 하는 욕구가 있는 것이다. 또한 다른 사람에게 도움을 주고 싶다는 이타적 욕구도 정보를 알려주는 데 한몫한다. 따라서 원하는 정보를 상대에게 얻기 위해서는 이러한 인간 욕구를 잘 이용해야 한다.

상대가 나에게 정보를 알려주고 싶어 하는 마음을 절로 갖게 하려면 어떻게 해야 할까?

가장 좋은 방법은 상대에게 타인을 상대로 한 정보 제공의 즐거움과 보람의 그 경험담을 슬쩍 귀띔해주는 것이다.

그래서 결국 상대방이 정보를 알려주었다면, 진심으로 고마워하는 마음을 표해야 한다. 그러면 상대는 타인에게 도움을 주었다는 기쁨과 즐거움을 오랫동안 가슴속에 간직할 것이다.

만약 상대가 원하는 정보와 아무런 관련이 없는 사항을 얘기할지라도 마치 그 말이 재미있고 흥미를 끌 만한 것이라는 듯 귀를 기울일 필요가 있다.

상대는 자신의 생각이나 감정을 말하면서 즐거움을 느끼고 있다. 그러므로 상대가 하는 이야기를 끝까지 들어준다. 초조한 마음에 원하는 정보를 빨리 듣고 싶어 안달이 날지라도 시간적으로, 정신적으로 충분한 여유를 갖는다. 더욱이 상대가 하고 있는 말을 절대로 끊지 않도록 주의한다.

정보를 빨리 알아내고 싶어 하는 사람은 때때로 상대방을 피곤하게 만든다. 성급하게 서두르느라 비슷한 내용의 질문을 자주 하기 때문에 상대방의 짜증을 불러일으키는 것이다.

이런 일이 계속 반복되면 정말 곤란하다. 정보를 알려주려고 했던 사람이 자신의 감정이나 생각을 저쪽에서 자꾸 묵살한다고 판단하면, 그는 질문에 더 이상 답하지 않을 것이다. 어느 누구라도 자신을 정보를 제공하는 도구로밖에 여겨지지 않는다면 결코 기분이 좋을 리 없다. 따라서 상대방을 정보 제공의 수단으로 대해서는 안 된다. 그런 낌새를 상대에게 노출한다면 원하는 정보는 완전히 물 건너갈 것이다.

한편, 상대방에게 정보 제공만 원하고, 내 쪽에선 아무런 정보도 털어놓지 않는다면 어떻게 될까? 분명 상대방은 이야기를 나누는 것조차 피하려고 할 것이다.

끝없이 계속되는 질문으로 점점 딱딱해지는 두 사람의 대화를 살펴보자. A는 광고회사 직원이고, B는 변호사다.

A : 무슨 일을 하십니까?

B : 변호사입니다.

A : 어떤 분야를 전문으로 다루십니까?

♣ **이 두 사람의 대화를 들여다보고 있으면 어딘지 모르게 어색한 것을 느낄 수 있다. A는 계속 질문만 하고, B는 A의 질문에 대답만 하느라 A에 대한 것은 하나도 물어보지 못하고 있다.**

A는 B를 감정과 욕구를 가진 사람으로 대하는 것이 아니라 마치 검사를 마쳐야 할 물건쯤으로 생각하고 있는 것처럼 보인다. 즉, A는 자신의 감정과 욕구를 충족시키는 일이 무엇보다도 중요하다고 여긴다. 때문에 B의 반응을 살핀다거나 자신의 신변에 관계되는 일은 전혀 밝히려고 하지 않는다. 그러므로 B는 A에 대해 궁금해하는 여러 가지 내용 중 그 어떤 것도 알아낼 수 없다.

다음의 예는 이와는 달리, A가 B에게 스스로 자신을 둘러싼 여러 가지 정보를 알려주는 경우다.

다른 사람의 말을 유도하려면 이런 방법을 응용하는 것이 바람직하다.

A : 무슨 일을 하십니까?

B : 변호사입니다.

A : 여기에서 변호사를 만나게 되리라고는 생각하지 못했습니다. 재미있는 이야깃거리도 많이 알고 계시겠군요?

♣ A는 B에게 변호사라는 직업에 호의적인 태도를 갖고 있다는 것을 넌지시 암시한다.

B : 원, 별말씀을요.

A : 어떤 분야를 전문적으로 다루십니까?

B : 거의 민사 사건을 다룹니다. 하지만 가끔은 형사 사건도 다루지요.

A : 저는 광고 일을 하고 있습니다. 저희 회사에서 CF 광고를 제작하면 그것을 어떤 방송국에, 어느 시간대에 내보내야 광고 효과가 커질까를 연구하고 결정하는 일을 하지요. 그런데 제가 듣기로는 변호사님 댁이 저의 집과 가까운 125번가라고 하던데요. 그쪽은 산이 있어 공기가 맑지요?

♣ A는 B가 묻기도 전에 자신의 직업까지 알려주었다. 그리고 B의 집이 125번가에 있다는 사실을 알고 있다고 말했다. 이것은 B에게 진작부터 관심을 갖고 있었다는 암시다.

B : 네, 그쪽은 공기가 맑아서 식구들이 무척 좋아하지요.

♣ A와 B는 자신의 정보를 상대방에게 자연스럽게 알려주었고, 그

정보에 대해 적절한 반응을 보이고 있다.

이런 식의 대화는 시간이 길어질수록, 처음 대화를 시작할 무렵의 상대에 대한 낯선 느낌과 경계심을 감소시킨다. 당연히 서로의 관심이나 생각을 폭넓게 주고받으면서 더 잘 이해할 수 있게 된다.

POINT ZONE

만약 상대방이 정보를 알려주려고 하지 않을 때는 상대방의 주의력이 나에게 집중될 수 있도록 온갖 노력을 기울여야 한다. 만약 상대가 원하는 정보와 아무런 관련이 없는 사항을 얘기할지라도 마치 그 말이 재미있고 흥미를 끌 만한 것이라는 듯 귀를 기울일 필요가 있다. 상대는 자신의 생각이나 감정을 말하면서 즐거움을 느끼고 있다. 그러므로 상대가 하는 이야기를 끝까지 들어준다.

6

대답하기 쉬운 질문부터 하라

다른 사람과 이야기를 나누는 목적 중 가장 핵심은 정보를 알아내기 위함이다. 때문에 대답하기 쉬운 질문부터 시작하는 것이 무엇보다 중요하다.

예를 들어, 두 사람이 처음 만나는 자리라고 생각해보자. 그들은 이야기를 시작하기 전에 상대방이 어떤 사람이고 자신에게 무엇을 바라고 있는지 호기심과 경계심이 뒤섞인 눈으로 서로를 바라볼 것이다.

그러다 보니 어느 쪽이든 처음으로 꺼낼 말을 놓고 신중하게 생각을 거듭한다. 하게 될 첫마디가 그 사람의 전체적인 인상을 순박하게 만들기도 하고 까다롭게 만들기도 한다.

그런데 한쪽 사람이 상대가 대답하기 어려운 질문부터 던진다면 어떻게 될까?

질문을 받은 사람은 대답할 말을 찾기도 전에 달아날 궁리부터 할 것이다. 게다가 입은 돌멩이를 매단 것처럼 무거워져서 웬만해서는 떼려고 하지 않을 것이다.

이런 경우와는 반대로, 어느 쪽이든 쉬운 질문부터 시작한다면 상대방은 바짝 죄었던 긴장의 고삐를 풀고 차근차근 대답할 것이다. 그리고 한 번 더 대답하기 쉬운 질문을 한다면 상대는 더욱더 편한 마음으로 부담 없이 대답할 것이다.

그렇게 그들은 마음의 안정을 되찾으며 질문과 대답을 허심탄회하게 주고받을 것이다. 시간이 흐를수록 두 사람은 격의 없는 대화 속에서 친밀감마저 갖게 될 것이다. 이야기가 본궤도에 오르면 점점 더 활기를 띠게 될 것이다. 그뿐만 아니라 더욱더 빠른 속도로 원하는 결론에 이를 것이다.

POINT ZONE

다른 사람과 이야기를 나누는 목적 중 가장 핵심은 정보를 알아내기 위함이다. 때문에 대답하기 쉬운 질문부터 시작하는 것이 무엇보다 중요하다. 그렇게 대화를 시작한다면 상대방은 바짝 죄었던 긴장의 고삐를 풀고 차근차근 대답할 것이다.

7

구성 밀도가 높고 낮은 질문을
적절히 섞어라

질문을 어떻게 해야 상대방의 마음을 편안하게 해주며, 마침내 원한 바대로 상대에게 정보를 얻어낼 수 있을까?

질문은 크게 두 가지로 나누어 생각할 수 있다. 즉, '구성 밀도가 높은 질문'과 '구성 밀도가 낮은 질문'이다.

구성 밀도가 높은 질문이란 어떤 것일까? 이는 곧 대답하기 쉬운 질문이다. 이 질문은 속성상 대답의 범위를 한정한다. 때문에 구성 밀도가 높은 질문은 자기만이 갖고 있는 특정한 사실을 요구하며, 대답은 매우 좁은 범위 안에서만 하도록 유도한다.

이를테면 "지금 몇 시입니까?", "딸기를 좋아하십니까?", "점심은 먹었습니까?" 같은 것들이다. 이런 질문에 대한 대답은 아주 단순하고 명쾌할 수밖에 없다. 물론 대답하는 쪽에서 또 다른 말을 첨가할 수도 있다.

그러나 질문 자체에는 그런 것을 강요하는 구석이 없다. 그러므로 이 질문에 대답하는 사람은 거의 생각할 필요가 없으며 생각을 정리하지 않아도 된다. 그저 어떤 사실을 간단하게 말하는 것으로 충분하다.

한편, 구성 밀도가 낮은 질문이란 어떤 것일까? 이는 당연히 구성 밀도가 높은 질문과 반대로 이해하면 되는데, 질문을 던지는 쪽은 거의 생각할 필요가 없다. 그러나 대답하는 쪽은 생각을 정리하고 요약할 필요가 있는 어려운 질문이다. 질문하는 사람은 상대방을 자극해서 어떤 대답을 하도록 만들면 된다. 또한 질문자는 그 대답의 내용이 어떻게 전개되고 있는가에 신경을 쓰지 않아도 좋다.

이를테면 "이 직업을 갖고자 하는 이유는 무엇입니까?", "업무 실적을 높이기 위해 어떤 방법을 동원해야 합니까?", "출근 시간을 잘 지키려면 어떻게 해야 합니까?" 같은 것들이다.

이 질문에 대한 대답은 자기 생각의 논리적인 설명을 전제로 해야 한다.

질문을 할 때 반드시 구성 밀도가 높은 것만 해야 한다든가, 반대로 구성 밀도가 낮은 것만 해야 한다든가 하는 철칙이 있는 것은 아니다. 구성 밀도가 낮은 것부터 높은 것으로 옮겨갈 수도 있고, 그 반대의 순서로 가도 상관은 없다. 또 두 가지 질문을 병용해도 괜찮다.

물론 좀 더 효과적인 답을 얻기 위해서는 구성 밀도가 높은 질문을 상대방에게 던져 그를 대화 속으로 끌어들이는 것이 더 바람직하긴 하다. 그러고는 점진적으로 구성 밀도가 낮은 질문들을 던져 대화의 다각화를 꾀하면 좋다.

다음 예를 보자.

의사 : 어디가 편찮으십니까?

환자 : 며칠 동안 계속해서 위가 아파요.

의사 : 어떻게 아프신가요?

환자 : 바늘로 찌르듯이 콕콕 쑤시다가 또 쓰리기도 합니다. 특히 밥을 먹고 난 후에는 증세가 더욱 심해지는 것 같습니다.

의사 : 자극성이 높은 음식을 드셨나요?

♧ **의사가 던진 질문은 구성 밀도가 높다.**

이 시점에서 의사는 환자의 상태를 대강 알아보기 위해 구성 밀도가 조금 낮은 질문부터 해야 한다. 만약 "열이 있어요?", "구토는 하시나요?" 같은 구성 밀도가 높은 질문을 또 했다면 그는 현명한 의사가 아닐 것이다.

보통 구성 밀도가 낮은 질문은 다음과 같은 것들을 알고 싶을 때 사용한다.

즉, 상대방의 생각을 자세하게 알고 싶을 때, 상대방의 감정

상태를 알고 싶을 때, 상대방을 좀 더 적극적으로 이야기 속으로 끌어들이고 싶을 때 등이다.

구성 밀도가 높은 질문들은 상대방에게 특정한 사실을 얻거나 어떤 개념을 갖고 있는지 확인하고 싶을 때, 상대방이 입장을 확실히 밝히게 유도하고 싶을 때 주로 사용한다.

심오하고 복잡한 정보를 빠르고 정확하게 유도해내려면 구성 밀도가 낮은 질문을 사용하는 것이 더 효과적이다.

이러한 질문을 받은 사람은 처음 얼마 동안은 대답하기를 무척 꺼리고 망설인다. 그러나 어차피 대답을 해야 되기 때문에 상대는 생각을 활성화시킨다. 생각의 활동이 활발하게 펼쳐질수록 상대는 처음에 기대했던 것보다 훨씬 더 많은 대답을 한다. 또 일단 말을 시작하면 상대 스스로 충분한 답변을 했다고 만족할 때까지 그만두지 않는다. 질문을 한 상대가 자신의 대답을 듣고 나서 어떤 오해도 하지 못하도록 사전에 방지하는 것이다.

구성 밀도가 낮으면 낮을수록 상대방으로부터 얻을 수 있는 고급 정보는 그만큼 많다. 따라서 상대와 이야기를 나눌 때 구성 밀도가 낮은 질문들을 요령 있게 사용한다면 상대와의 대화에서 기대 이상의 수확을 볼 것이다.

그렇다면 구성 밀도가 낮은 질문들을 할 때 어떤 방법이 효과적일까?

예컨대 요즘 빠르게 변화하고 있는 국내외 정세 따위의 질문을 하는 것이다. 이 질문에 답을 하기 위해 상대방은 사실에 근거한 제법 탄탄한 논거를 가져오기도 한다. 또 어떤 경우에는 통찰력을 동원해서 묘사하기도 한다.

이 방법은 좀 더 세련된 대화법을 요구하지만 결코 어려운 방법은 아니다.

예컨대 회사의 우두머리가 간부회의를 소집한 자리에서 목소리를 높이지 않고도 "영업부 쪽은 어떤가? 기획실 쪽은 또 어떤가?"라고 질문을 했다 치자. 그러자면 그동안의 실적을 분석한 자료와 향후 사업 계획안에 대한 영업부와 기획실의 치밀한 보고 및 설명을 불러올 수 있는 것이다.

"요즘 직장생활은 어때?"

"지금 하고 있는 일은 그럭저럭 익숙해져서 재미는 있는데, 부장과 사이가 좋지 않아."

"부장이랑?"

이렇게 되물음으로써 그 이유에 대한 강한 호기심이 내 쪽에

있음을 상대에게 보여주고, 결국은 그 자세한 내막을 고백하도록 유도하는 것이다.

이때 상대가 요약된 내용에 동의한다면 "네"라고 할 것이다. 이 경우 구성 밀도가 높은 질문이 된다.

그러나 동의하지 않는 경우 그 질문은 구성 밀도가 낮은 질문이 된다. 상대방은 자신이 동의하지 않는 이유를 설명하고 다시 한 번 자신의 참뜻을 자세히 밝히는 과정을 밟기 때문이다. 이 과정에서 때때로 새로운 정보를 얻기도 한다.

지금까지의 내용을 예를 통해 다시 한 번 음미해보자.

김 부장 : 이봐, 양 부장! 영업팀장 후임 말이야. 내 생각엔 신 과장이 어떨까 싶은데, 일 잘해낼 수 있을까?

양 부장 : 글쎄, 잘해내긴 할 거야. 꽤 영리한 편에다가 성격도 적극적이거든. 하지만 직원들과의 관계가 껄끄러워서…….

김 부장 : 관계가 껄끄럽다니?

양 부장 : 뭐랄까, 좀 이기적인 면이 있거든. 자기가 옳다고 생각하면, 상대방 입장 같은 건 아랑곳하지 않고 밀어붙이는 면이 있지.

김 부장 : 그래? 그러면 곤란한데…… 근데 부하 직원들은 그

친구를 어떻게 보고 있을까?

양 부장 : 아마 상사로 모시고 싶어 하지 않을 거야. 하지만 그 친구, 일 하나는 정말 잘하지. 머리도 꽤 좋구……. 정말 그렇게 유능한 사람도 흔하지는 않지. 그래서 하는 말인데, 좀 더 여유를 갖고 검토할 필요가 있을 거야. 어쩌면 특별한 훈련으로 그런 문제점을 없앨 수도 있을 거야.

김 부장 : 참 좋은 생각이군! 도움이 되는 말을 해줘서 정말 고맙네, 양 부장!

이렇게 구성 밀도가 높고 낮은 질문을 적절히 섞거나, 대화가 무슨 유도신문 형태로 흘러가는 것을 피하는 기술을 터득하는 데는 오랜 연습이 필요할 것이다. 그러나 실제로 대화할 때마다 이와 같은 방법을 체화하고 적용하려 노력해야 한다.

처음에는 생각처럼 쉽지 않을 것이다. 그러나 몸에 익을수록 대화를 통해 얻는 것은 더 많아질 것이다.

POINT ZONE

좀 더 효과적인 답을 얻기 위해서는 구성 밀도가 높은 질문을 상대방에게 던져 그를 대화 속으로 끌어들이고, 그다음 점진적으로 구성 밀도가 낮은 질문들을 던져 대화의 다각화를 꾀하면 좋다. 구성 밀도가 낮으면 낮을수록 상대방으로부터 얻을 수 있는 고급 정보는 그만큼 많다. 따라서 상대와 이야기를 나눌 때 구성 밀도가 낮은 질문들을 요령 있게 사용한다면 상대와의 대화에서 기대 이상의 수확을 볼 것이다.

CHAPTER 5

반대하는 상대에 대처하는 방법

직장생활
잘하는
대화법

1

관심의 또 다른 표현,
반대

　내가 제시한 의견에 상대방이 반대한다는 것은 무엇을 의미할까?

　역설적이지만, 이는 우선 상대방이 내 의견에 관심을 갖기 시작했다는 것을 뜻한다. 또한 내게 상대방을 설득할 기회가 생겼다는 뜻이다. 요컨대 상대가 나의 생각에 방향은 다르지만 조금씩 호응하고 있다고 판단해도 괜찮다는 뜻이다.

　예를 들어보자. A가 B에게 1년에 한 번씩 종합건강진단을 해보라고 권하고 있다. B는 고개를 끄덕이면서 A의 말에 동의한다는 표시를 한다.

　그러나 B는 건강진단을 받으러 병원에 안 갈지도 모른다. 정작 병원에 가는 일을 B의 마음이 반대할 수도 있기 때문이다.

B는 진단 결과가 나쁘게 나올까 봐 은근히 두려워하는 것인지도 모른다. 그는 건강이 안 좋다면 어떤 통증이나 징후가 있을 것이므로 아직은 걱정할 필요가 없다고 생각할 수도 있다.

그런가 하면 B는 진짜로 병원에서 하는 여러 가지 검사를 받아야 할 일이 귀찮아서 차일피일 미루고 있는지도 모른다. 또한 이런 이유들 외에 병원에 감으로써 낭비될 시간과 돈을 아끼고 싶어 하는 것일 수도 있다.

아무튼 B는 A뿐만 아니라 다른 사람들이 1년에 한 번씩 건강진단을 할 필요가 있다고 말할 때마다 찬성한다. 때문에 이치에 맞게 행동하려면 B는 병원으로 가서 종합 검사를 받아야 한다.

그러나 B는 다른 사람들과 더 이상 논쟁을 벌이고 싶어 하지 않는다. B는 자신의 마음을 숨기기 위해 그들의 말에 동의하는 척할 뿐이다. 그리고 여유가 생기는 대로 병원에 가겠다고 둘러댄다. 그는 그저 난처한 입장에서 벗어날 수 있기를 바라는 것이다.

그런데 B의 이런 태도는 A나 다른 사람들이 그를 설득할 수 없게 만드는 요인이 된다.

만약 B가 A나 그 밖의 여러 사람들의 말에 반대했다면 훨씬 쉽게 그의 생각을 바꿔놓을 수 있을 것이다. B가 반대하는 것은 그의 마음속에 상대방의 말이 옳다고 인정하는 부분이 조금이라도 있기 때문이다. 그뿐만 아니라 진찰을 받고 싶어 하지 않는 마음이 상대방의 주장과 맞서 싸우고 있기 때문이다.

B가 목소리를 높일수록 그는 자신의 생각을 관철시킬 자신이 없다는 것을 입증하는 셈이 된다. 그는 다른 사람보다도 먼저 자기 자신을 이해시키기 위해 노력하는 중인 것이다.

대화를 하다 보면 때때로 상대방이 너무 쉽게 이쪽 의견에 동의하는 바람에 오히려 당황하게 되는 경우가 있다. 특히, 상대방을 설득시키기 위해 세심한 주의를 기울이는 대화일수록 그런 경우에 부딪히면 이쪽은 적잖이 놀란다.

그런데 생각보다 빨리 하는 찬성은 상대방의 진의가 무엇인지를 곰곰이 따져볼 필요가 있다. 왜냐하면 상대방은 반대하는 마음을 감추기 위해 찬성하는 척할 수도 있기 때문이다.

그렇다면 상대방의 동의가 진실한지, 거짓인지를 알아보려면 어떻게 해야 할까? 일단 상대방에게 동의 사항, 즉 어떤 계획이나 일을 반드시 할 것이라는 약속을 요구하면 된다.

앞의 건강진단의 경우를 다시 예로 들어보자.

만약 B가 A의 의견을 따르겠다고 했다면, A는 B가 진찰을 받으러 갈 날짜까지 말해줄 것을 요구한다. B가 즉시 구체적인 날짜를 말한다면 A의 설득은 성공한 셈이다. 그러나 B가 우물쭈물하면서 다른 이야기를 꺼낸다면 A는 또다시 B의 마음을 확인해야 한다. "네가 초조해하는 것은 사실은 갈 생각이 없기 때문이 아니냐?"라고 물어보는 것도 좋은 방법이다.

그러나 이런 식의 방법이 반드시 성공할 수 있는 것은 아니다. 상대방은 너무 강력한 이쪽의 태도에 반감을 느끼게 되어 마음의 문을 닫아버릴지도 모르기 때문이다. 따라서 그때그때 상황에 알맞은 적절한 방법을 사용해야 한다. 앞의 예의 경우, B에게 충고나 조언 등을 하는 것으로 마무리를 지을 수도 있을 것이다.

부하에게 어떤 지시를 내려야 하는 상사가 있다면, 그는 부하가 자신의 말대로 할 것인지 확인해보아야 한다. 더욱이 부하가 아무런 반대 의견도 말하지 않고 그의 지시에 따르겠다고 대답했다면 한 번 더 구체적인 약속을 받도록 한다. 즉, 부하가 그 지시 사항을 행동으로 옮길 때와 시행 방법 등을 자세하게 설명하도록 요청하는 것이다.

POINT ZONE

내가 제시한 의견에 상대방이 반대한다는 것은 무엇을 의미할까? 역설적이지만, 이는 우선 상대방이 내 의견에 관심을 갖기 시작했다는 것을 뜻한다. 또한 내게 상대방을 설득할 기회가 생겼다는 뜻이다. 한편, 상대방의 동의가 진실한지, 거짓인지를 알아보려면 어떻게 해야 할까? 일단 상대방에게 동의 사항, 즉 어떤 계획이나 일을 반드시 할 것이라는 약속을 요구하면 된다.

2

상사 앞에서 반대 의견을 낼 때

상사에게 반대되는 의견을 낼 때, 만일 이것저것 살피지 않고 의견을 내면 어떻게 될까? 상사는 아마도 이렇게 생각할 것이다.

'건방지게, 내 말에 반대한다는 거야?'

'개뿔, 뭘 안다고 저렇게 떠드는 거야?'

이런 감정 상태에서 상사가 반대 의견에 동조해주기란 쉽지 않을 것이다. 아마도 무슨 핑계를 대서라도 그 의견을 묵살할 것이다.

그렇다면 상사 앞에서 의견을 낼 때는 어떻게 하면 좋을까? 그럴 때는 윗사람에게 가르침을 청하는 형식으로 하면 반대를 사지 않을 수 있다.

아랫사람이 회사의 경영 정책이나 중요 결정 사항 등의 여러 가지 문제에 대하여 의견을 낼 때 맹렬한 반격을 받는 경우가 있다. 어떤 큰 문제가 아랫사람 사이에서 거침없이 논의되면 상사는 어쩐지 체면이 깎인 듯한 기분에 빠지기 쉽기 때문이다. 그렇기 때문에 감정적인 반발도 쉬이 일어나는 것이다.

이런 종류의 문제에서는 상대의 체면을 세워주면서 가르침을 청하는 형식을 취하면 원하는 대로 상황을 이끌 수 있다.

"말씀을 듣고 보니 이런 의문이 생겼습니다. 그래서 이런 방식으로 가는 게 어떨까 싶은데, 이 점에 대해서 생각하시는 방향을 가르쳐주십시오."

이런 식으로 의견을 제시하면 상사는 자존심에 해를 입지 않으면서 마음을 열 것이다. 그래서 순수한 마음으로 경청할 확률이 높아지는 것이다.

가르침을 청하는 방법은 자기 의견을 듣게 하는 것 외에도 또 다른 장점이 있다. 의견의 우세를 떠나서 '이 친구는 회사일을 열심히 생각하고 있구나'라는 생각을 유발하고, 상대에게 자신의 능력을 부각할 수 있다는 점이 바로 그것이다.

이 방법은 자신의 능력을 표면적으로 다소 눌러야 할지도 모른다. 그러나 상사는 그렇게 누른 만큼 호감을 가지고 주목할 뿐만 아니라 친밀감을 느낄 것임에 틀림없다. 이는 내 의견을 역으로 살린다는 점에서 바람직한 방법이 될 수 있다.

이렇듯 상대방에게 신뢰감을 주고 반대를 불러일으키지 않

기 위해서는 '나 자신을 모두 상대방에게 맡긴다'는 마음가짐
이 필요하다. 백지위임장을 상대에게 건네준다는 인상을 주면,
상대방은 이쪽의 순수성을 깨닫고 호의로 맞아줄 수 있기 때문
이다.

따라서 의견을 제시할 때 주인공은 항상 내가 아닌, 상대방
이라고 생각해야 한다.

"이야기하고 싶은 것이 있습니다"라는 표현은 '내'가 주체가
되어 상대방의 의지를 무시하는 느낌을 준다. 반대로 "들어주
셨으면 좋겠습니다"라는 표현은 상대를 주체로 만들어 높여주
는 느낌을 준다. 이럴 때, 이쪽의 겸손을 상대에게 어필하는 결
과를 낳고, 결국 상대방이 내 의견을 열린 마음으로 받아들일
상황을 유도할 수 있는 것이다.

POINT ZONE

상대방에게 신뢰감을 주고 반대를 불러일으키지 않기 위해서는 '나 자
신을 모두 상대방에게 맡긴다'는 마음가짐이 필요하다. 백지위임장을
상대에게 건네준다는 인상을 주면, 상대방은 이쪽의 순수성을 깨닫고
호의로 맞아줄 수 있기 때문이다.

3

상대방의 반대에
중립을 취하라

상대방이 마음속으로 갈등하고 있다고 판단되면 즉시 하던 말을 멈추어야 한다.

만약 당신이 자신의 주장을 계속 내세우거나 반론을 제기한다면, 상대방의 생각은 더욱 부정적인 방향으로 치달을 것이다. 다시 말해, 상대는 마음의 갈등을 해결할 방법으로 반대를 고집하게 되는 것이다.

따라서 이런 경우에는 상대방이 무엇인가를 선택하도록 강요해서는 안 된다. 무엇보다도 당신은 재빨리 중립적 입장을 취하는 것이 중요하다. 그렇게 하면 상대방은 또다시 서로 다른 주장 속에서 갈등을 일으킬 것이다.

이는 상대가 당신 주장에 대해 다시 한 번 관심을 갖기 시작했다는 것을 의미한다. 따라서 당신은 잠시 동안 상대를 지켜보도록 한다. 마침내 상대가 안정을 찾았다고 느껴지면 당신은 더욱 부드러운 목소리로 천천히 의견을 제시한다.

이 방법은 상대방의 주장을 무너뜨리는 데 매우 효과적이다.

반대가 너무 심할 경우, 대의명분을 사용하는 것도 좋은 방법이다. 인간은 원래 상대를 믿고 싶어 하는 마음과 믿고 싶지 않다는 상반된 마음을 동시에 가지고 있다. 이 두 마음 사이를 왔다 갔다 하면서 행동하는 것이 인간이라는 존재다.

신중하고 완고한 사람은 경험에 의거하여 믿고 싶지 않은 것을 부정하며 자신의 행동을 규제한다. 그렇다고 해서 그들에게 믿고 싶어 하는 마음이 전혀 없는 것은 아니다. 오히려 그들은 믿어주고 싶어 하는 마음을 더 강하게 가지고 있다.

따라서 그들의 무의식적인 기대에 응하기 위해서는 '그렇게 하는 것이 나는 물론 당신에게도 이득이 된다'는 이유를 준비해두는 것이 좋다.

다시 말해 상대가 납득할 수 있는 대의명분을 제시해주기만 하면 믿고 싶은 마음이 촉발되어 당신의 이야기에 귀를 기울이게 되는 것이다.

보석, 모피 등 비싼 상품을 파는 세일즈의 달인들은 다음과 같은 말로 고객의 마음을 부추긴다고 한다.

"아름다워지면 남편도 반드시 기뻐하실 겁니다."

그래도 망설이면 여기에 또 이렇게 명분을 추가한다.

"팔 때도 비싼 값을 받을 수 있어서 좋고요."

이렇게 되면 망설이던 여성 고객은 대개 사는 쪽으로 쏠린다고 한다.

상대방이 마음속으로 갈등하고 있다고 판단되면 즉시 하던 말을 멈추어야 한다. 만약 당신이 자신의 주장을 계속 내세우거나 반론을 제기한다면, 상대방의 생각은 더욱 부정적인 방향으로 치달을 것이다. 다시 말해, 상대는 마음의 갈등을 해결할 방법으로 반대를 고집하게 되는 것이다.

비이성적인 반대는
질문으로 대응하라

상대방이 반대를 할 때는 그 내용이 이치에 맞는 것인지를 잘 판단한 후 대응해야 한다. 만약 상대가 이치에 맞는 반대를 하고 있다면 해결 방법은 간단하다.

우선 서로 주장하는 내용을 비교, 분석, 검토해본다. 그리고 이 과정을 통해 드러난 의견의 차이가 상호 서로 다른 가치관을 갖고 있기 때문에 발생하였는지, 아니면 다른 이유가 있는지를 명확하게 알아내면 문제 해결의 실마리도 찾을 수 있다.

한편, 상대방이 이치에 안 맞는 반대를 해올 경우라면 위의 방법은 아무런 효과가 없다. 그런 반대는 대개 정확한 사실을 알기 위한 것이 아니라, 상대방의 감정에서 비롯된 경우가 많기 때문이다. 이를테면 내 쪽이 진실을 숨기려 한다고 판단하거나, 자신의 현재 입장을 밝히면 내 쪽이 싫어할지도 모른다고 판단해서 반대하는 것이다. 혹은 다른 사람들에게 비난을 받고 싶지 않은 이유로 무작정 반대하는 것일 수도 있다.

아무튼 객관적인 사실이나 자료를 바탕으로 하지 않는 반대는 이치에 맞지 않는 지극히 비이성적인 반대다. 이런 반대를 처음부터 간파하지 못한 채 논쟁을 계속한다면 이는 공연히 시간만 낭비하는 꼴이 된다.

이치에 맞지 않는 반대의 특징은 다음과 같다.

첫째, 필요 이상으로 격렬히 반대한다.
둘째, 지나치게 완고한 태도를 갖는다.
셋째, 내용과 관계없는 말을 한다.
넷째, 비논리적인 근거를 내세워 억지로 주장한다.
다섯째, 그럴싸하게 보이는 다른 의견을 제시한다.

이런 식의 반대에 부딪혔을 때는 아예 설득을 포기하는 게 좋을지도 모른다. 물론 중요한 것은 이런 반대에 부딪히지 않도록 미리 손을 써야 한다는 점이다.

가장 좋은 방법은 앞장에서 소개한 '질문' 형식을 사용하는 것이다. 반대에 또다시 직접적으로 반론한다면 거절당하기 쉽다. 하지만 질문 형식을 취하면 거절당하지 않을 수 있다. 무엇보다도 반대를 위한 반대에 직면하지 않을 수도 있다.

앞서 언급했듯이, 질문으로 상대방에게 가르침을 구하는 자세를 보여서 상대방의 자존심을 세워주면, 상대방의 반발을 약화시킬뿐더러 건방진 느낌도 주지 않고 문제를 해결할 수 있다.

POINT ZONE

반대에 또다시 직접적으로 반론한다면 거절당하기 쉽다. 하지만 '질문' 형식을 취하면 거절당하지 않을 수 있다. 무엇보다도 반대를 위한 반대에 직면하지 않을 수도 있다.

이치에 맞지 않는 반대에 대응하는 방법

이치에 안 맞는 반대에 우리는 종종 부딪힌다. 그것의 일반적인 특징은 상대방이 당신의 논리적인 대화를 전혀 받아들이지 않는다는 점이다.

당신이 아무리 타당한 근거에 입각한 논리를 세워 조리 있게 설명해도 상대방은 결코 마음을 움직이지 않는다. 따라서 이치에 맞지 않는 반대에 부딪혔을 때는 다른 적절한 방법을 찾아 문제를 풀어나가야 한다.

이제부터 그 방법을 몇 가지 살펴보도록 하자.

첫 번째, 상대를 이해하고 있다는 태도를 보여준다.

먼저, 당신은 상대방의 의견이나 주장을 모두 받아들이겠다고 말해준다. 이때 받아들이겠다는 뜻은 상대방의 주장을 무작정 들어주겠다거나 상대방의 입장에 무조건 동의하겠다는 뜻이 아니다. 이 말의 정확한 뜻은, 상대의 기분을 이해하고 상대가 반드시 당신이 말하는 대로 행동하지 않아도 좋다는 의미다.

이때, 당신의 방법이 옳다고 주장하는 것보다는 "나 같으면 이런 방법을 선택하겠다"고 슬쩍 제시해주는 것이 좋다. 당신은 그저 생각을 말할 뿐이고, 선택은 상대가 원하는 것을 하도록 전부 맡기는 것이다.

상대방의 반대와 맞닥뜨리게 되었을 때, 먼저 그 문제 때문에 나타난 상대방의 감정이나 태도가 당연한 것이라고 인정해준다. 그런 다음에야 당신의 태도를 보여주는데, 이때 상대방의 입장에 대한 당신의 견해를 드러낸다. 사람의 감정은 상대가 공감해주지 않을 때 더 나쁜 결과를 초래할 수 있음을 염두에 두자.

두 번째, 상대방에게 그가 무엇에나 반대하고 있다는 사실을 깨닫게 해준다.

사람은 종종 어떤 문제에 반대하고 있다는 사실을 스스로 미처 깨닫지 못할 때가 있다. 그러다 보니 다른 사람의 의견이나 감정을 무작정 내치는 것이다.

세 번째, 반대 의견을 차분히 검토하고 그 이유를 다시금 물어본다.

상대방이 반대하는 이유를 분명하게 밝히지 않으면 "반대한 까닭을 좀 더 자세하게 말씀해주십시오"라고 요청한다.

상대방이 품고 있는 반대 의견을 상대가 이치에 맞는 말로 정확하게 표현하기 전에는 도무지 납득할 도리가 없다. 일단 당신의 주장과 상대방의 반대 의견을 비교하여 어느 쪽이 더 이치에 맞는지 검토한 후 다시 상대를 대응해야 한다.

만약 당신이 상대방이 하는 말을 주의 깊게 검토하지 않고 당신 주장만 되풀이한다면, 상대방의 생각을 바꾸는 일은 거의 불가능할 것이다.

POINT ZONE

당신이 아무리 타당한 근거에 입각한 논리를 세워 조리 있게 설명해도 상대방은 결코 마음을 움직이지 않는다. 따라서 이치에 맞지 않는 반대에 부딪혔을 때는 다른 적절한 방법을 찾아 문제를 풀어나가야 한다.

상대방의 처지와 상황을 살핀 후 조언하라

살다 보면 부탁하지도 않았는데 누군가가 조언을 하는 경우가 있다. 그는 왜 그러는 것일까? 그는 상대의 마음을 설득하고 싶다는 목적을 갖고 있기 때문이다.

물론 그는 상대에게 도움을 주기 위해 자신의 생각을 말하는 것뿐이라고 주장한다. 자신의 행위가 옳은 것이라고 정당화시키면서 말이다. 그렇다면 과연 그가 하는 조언이 상대를 설득할 수 있을까?

그리 쉽지는 않을 것이다. 왜냐하면 그 스스로 목적을 분명하게 밝히지 않고 애매모호한 태도를 취하고 있기 때문이다. 상대를 설득하려는 막연한 의지만으로는 실패할 확률이 매우 높게 마련이다.

그러므로 부탁을 받지 않은 조언을 할 때는 자신의 목적이 '설득'하는 일이라는 것을 솔직하게 인정하는 태도를 상대에게 보여주어야 한다. 내 쪽에서 설득하려는 자세를 갖추면 상대방도 대부분 그것을 받아들이려는 준비를 하게 되므로 여러 면에서 경제적일 수 있다.

상대방의 부탁이 없었는데도 조언을 하고 싶다면, 우선 상대방에게 이것저것 말을 건네보아야 한다. 상대방이 들려주는 말을 통해 상대방의 처지와 생각을 쉽게 파악할 수 있을 것이다.

그리고 당신은 상대방이 자신의 능력에 대해 회의적인 말을 하거나 도움을 청할 때까지 끈기 있게 기다려야 한다. 조언은 상대방의 목이 마르면 마를수록 효과가 크게 나타나기 때문이다. 또한 당신이 해주는 말을 믿고 따른다면 어떤 이익을 얻게 되는지 상대에게 알려줄 필요가 있다.

물론, 사람에 따라 조언을 불쾌하게 생각하면서 쉽게 받아들이지 않는 이도 있다. 그런 사람들의 마음속에는 자기 일은 스스로 결정하고 해결해야 한다는 신념이 강하게 깔려 있다.

자의식이 강한 이런 유형의 사람을 설득하기 위한 방법은 한 가지다. 그가 하는 행동에 대해 '옳다', '그르다'의 평가를 내리지 않는 것이다. 당신은 단지 중립적인 자세 혹은 무관심한 태도를 보이는 것이다.

그러고는 시간이 흐른 후에 비로소 그에게 정보를 한 번 더 제공한다. 그러면 그제야 그는 제시된 내용을 자세히 검토해볼 필요가 있다고 생각하게 될 것이다. 물론 이때도 반드시 중립적인 태도를 유지해야 한다.

부탁받지 않고 하는 조언은 조언이 아니다. 이것은 상대방의 마음이나 행동이 자신의 생각대로 움직여주기를 바라는 또 다른 방식의 설득이다. 이런 시도가 때때로 세일즈의 성과를 이끌어내는 유용한 방법이 되기도 한다.

상대방의 기분을 북돋아주는 격려 역시 설득의 한 방법이다.

기분을 북돋아주는 행위는 사람의 마음속에 있는 불안감 등의 부정적인 감정을 없애주고자 하는 데 그 목적이 있다.

표면적으로는 명랑하고 활기가 넘쳐 보이는 사람도 갖가지 걱정거리, 스트레스가 쌓여 있게 마련이다.

이런 것들 때문에 사람들은 인간관계 속에서 소통하기를 원한다. 즉, 마음속에 쌓여가는 불안과 우울증 같은 문제들을 밖으로 드러내어 털어버리고 싶어 하는 것이다. 다른 사람에게 불안하고 우울한 자신의 일상을 솔직하게 얘기하면 스트레스는 자연히 풀리게 마련이다.

바로 이 지점이 설득의 성공 포인트가 될 수 있다. 기운을 차리라는 격려의 말을 듣게 되면, 상대방은 기분이 한결 좋아져서 새로운 의욕이 생긴다. 긍정적인 생각에 마음까지 열리는 상태가 된다. 이럴 때 설득하면 좋은 결과를 얻을 수 있다.

자신의 불안한 마음이나 우울한 감정을 털어놓는 사람에게 더 많은 말을 할 수 있도록 편안하게 응대해주자. 가슴을 짓누르고 있던 말들을 모두 쏟아낸 상대방의 마음은 훨씬 차분해져 있을 것이다. 이때 진심으로 격려의 말을 해주자.

"앞으로 나아질 거야."

"너는 결코 실패하지 않았어."

이런 격려의 말을 들은 상대는 자신의 문제를 다시 한 번 검토할 여유를 갖게 될 것이다. 동시에 어떤 조언이든 받아들일 자세를 갖출 것이다. 그러면 비로소 설득의 문이 열릴 것이다. 이제 상대는 다른 각도에서 자신의 문제에 대한 해결 방법을 찾기 시작했기 때문이다.

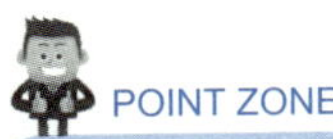

POINT ZONE

부탁받지 않고 하는 조언은 조언이 아니다. 이것은 상대방의 마음이나 행동이 자신의 생각대로 움직여주기를 바라는 또 다른 방식의 설득이다. 이런 시도가 때때로 세일즈의 성과를 이끌어내는 유용한 방법이 되기도 한다. 기운을 차리라는 격려의 말을 듣게 되면, 상대방은 기분이 한결 좋아져서 새로운 의욕이 생긴다. 긍정적인 생각에 마음까지 열리는 상태가 된다. 이럴 때 설득하면 좋은 결과를 얻을 수 있다.

커뮤니케이션 능력을 키워라

1
원활한 의사소통이
최고의 자산이다

회사 간부에게는 신중함, 판단력, 친화력, 책임감, 전문 지식 등이 필요하다. 이 같은 것들은 간부에게 없어서는 안 될 필수 요소다. 최근 여기에 하나가 더 중요하게 요구되고 있다. 바로 '커뮤니케이션 능력'이다.

고도 성장기 시절만 해도 간부에게 필요한 것은 현장관리 능력과 생산성을 높일 수 있는 개선관리 능력이 전부였다. 그러나 21세기에 들어 상황이 달라졌다.

세상이 발전함에 따라 삶도 풍요로워졌다. 이런 환경에서 대다수 소비자는 '산다'에서 '선택한다'는 사고방식을 갖게 되었다. '나만의 아이템', '나만의 명품'에서 볼 수 있듯, 오늘날은 '물건이 지니는 가치를 판단하는 시대'가 되었다. 즉, 대중(大衆)

의 시대에서 개성의 시대로 발전하고 있는 것이다. 대다수 사람과 비슷한 삶을 영위함으로써 안심했던 이들이 지금은 '다른 사람들과 어떻게 다른 삶을 살아갈 것인가?' 하는 데서 가치를 찾게 된 것이다.

기업 환경도 마찬가지다. 기업들은 국내뿐만 아니라 해외에서도 치열한 경쟁을 치를 수밖에 없는 상황에 놓여 있다. 그러다 보니 소수 정예 체제를 구축하지 않을 수 없게 되었다. 경쟁력 확보 차원에서 조직에 '쓸모없는 인물'이 있어서는 결코 안 되는 상황에 놓인 것이다.

게다가 예전처럼 소비자층을 '청장년층'이라고 잡는 막연한 마케팅 포지션으로는 시장 공략이 어렵게 되었다. 부하에 대해서도 무조건적인 상하논리로 관리할 수 없는 시대가 되었다. 다시 말해, 일하는 사람의 의식도 크게 변혁의 시대를 맞이한 것이다.

이러한 상황에서 간부에게 반드시 필요한 것은 '커뮤니케이션 능력'이다. 기업에서 중점적으로 추진하는 것 역시 '커뮤니케이션의 활성화'다. 이것은 시대의 변화에 올바르게 대응하기 위한 선택이 아닌 필수전략이 되었다.

커뮤니케이션 활성화를 성공적으로 뿌리내리기 위해서는 당연히 열린 의사소통이 간부와 평사원에게 일상화되어야 한다.

기업 발전의 가장 든든한 주춧돌은 우수한 상품도, 풍부한 자산도, 완벽한 생산 시스템도 아닌, 직원 간의 원활한 커뮤니

케이션이다. 바로 이것이 급변하는 시대에서 도태되지 않고 살
아남게 하는 원동력이다.

커뮤니케이션의 활성화가 기업의 내일을 좌우한다는 사실은
아무리 강조해도 지나치지 않다.

POINT ZONE

기업 발전의 가장 든든한 주춧돌은 우수한 상품도, 풍부한 자산도, 완
벽한 생산 시스템도 아닌, 직원 간의 원활한 커뮤니케이션이다. 바로
이것이 급변하는 시대에서 도태되지 않고 살아남게 하는 원동력이다.

2

상하 커뮤니케이션을
매끄럽게 유도하라

커뮤니케이션이 지금까지 별로 중요한 것으로 부각되지 않았던 이유는 무엇일까? 무엇보다도 커뮤니케이션이라는 것이 지극히 일상적인 것, 당연한 것이라는 인식이 강했기 때문이다. 또한 이것을 업무화했을 때 그 성과를 수치로 파악하기가 힘들었기 때문이다.

그러나 현실은 어떤가. 기업이라는 집단에서 올바른 커뮤니케이션의 활성화 및 정착은 결코 쉬운 일이 아니다. 사내 커뮤니케이션은 아무래도 상부의 의견이 하부로 전달되는 톱다운(top-down)의 일방통행이 굳어져 있다. 그러다 보니 평사원들의 의견이 경영자에게까지 전달되기가 힘들다.

또 간부들은 능률 우선의 사고방식을 존중하는 데 반해 일반

사원들은 자신의 욕구를 우선시하기 때문에 상호 이해도가 떨어질 수밖에 없다. 또한 이런 상황에서의 커뮤니케이션은 단순히 표면적인 전달 수단으로 끝나버리는 경우가 많다. 따라서 이를 어떻게 개선하고 바람직한 방향으로 정착시키는가가 커뮤니케이션 활성화의 열쇠다.

바로 이 지점에서 중간 관리자의 역량이 요구된다. 중간 관리자는 경영자층과 일반 사원 사이에 서서 커뮤니케이션을 확립하여야 한다. 이것을 자기 업무의 중요한 과제로 삼을 필요가 있는 것이다.

진정한 커뮤니케이션은 공통된 사고를 기반으로 상호 이해가 요구되는 작업이다. 또한 이 바탕 위에서 양방의 통행이어야 하는데, 바로 이를 조율하는 역할을 중간 관리자가 해주어야 한다. 요컨대 중간 관리자는 커뮤니케이션의 관제탑이 되어야 하는 것이다.

POINT ZONE

중간 관리자는 경영자층과 일반 사원 사이에 서서 커뮤니케이션을 확립하는 것을 자기 업무의 중요한 과제로 삼을 필요가 있다.

3

인간적인 중간 관리자의
긍정적인 효과

우리는 종종 이런 말을 듣는다.

"그런 말은 들은 적이 없는데요."

"그 서류는 보지 못했습니다."

"그렇게 말한 기억이 없는데요."

'듣지 않았고', '보지 않았고', '말하지 않았다'는 말은 자주 성 결여의 일면을 보여주는 것으로, 이 이면에는 책임회피의 심리가 짙게 깔려 있다. 이런 언사는 결국 부정적인 결과만 초래할 뿐인데, 이런 말을 하게 되는 외적 원인은 대개 커뮤니케이션의 부족 때문이다.

그 부족한 정도가 어느 정도인지 알기 위해서는 우선 부하의 행동을 체크해볼 필요가 있다. 다음은 그 체크 사항이다.

① 출근 시간은 잘 지키고 있는가?

② 출근 시, 서로 기분 좋게 인사를 나누는가?

③ 지각, 조퇴, 결근, 사적인 외출, 무단으로 자리를 비우는 일이 빈번한가?

④ 계획성 없이 이랬다저랬다 하는가?

⑤ 갑작스런 휴가가 잦은가?

⑥ 동료와의 잡담으로 근무 시간을 낭비하는가?

⑦ 지시에 따라 기한 내에 업무를 완수하는가?

⑧ 상사에게 보고를 잘하는가?

⑨ 상사에게 반항적인 태도를 취하는가?

⑩ 상사를 비롯한 직장 동료, 고객에 대한 언행에 매너가 있는가?

이상의 질문에 부정적인 답변이 많이 나온다면, 부하 직원은 회사나 상사에 대한 불만이 많은 상태라고 봐도 좋다. 이는 곧 커뮤니케이션이 원활하지 않다는 증거다.

따라서 긍정적인 방향으로 이끌려면 우선 커뮤니케이션의 기회를 늘려 서로의 이해도를 높여야 한다. 물론 이는 한두 번으로 해결되는 일은 아니다. 수없이 열린 마음으로 상호 커뮤니케이션 접촉을 해야 한다.

분명, 부하가 의욕 상실에 이르는 이유 대부분은 회사와 상사에 대한 불만 때문이다. 이를 해소하고 개선하는 방법은 불통에서 벗어나는 커뮤니케이션밖에 없다. 부하와의 사이에서 원활한 커뮤니케이션이 이루어지면 불만은 사라지게 마련이다. 무엇보다도 부하의 능동적인 업무 태도를 불러온다. 한마디로 커뮤니케이션은 부하의 의욕을 돋우는 특효약인 것이다.

중간 관리자의 역할을 크게 둘로 나눌 수 있다.

첫째, 목표 및 과제 달성을 위해 부하에게 생산성 향상의 구체적인 지시를 내리는 것이다.

둘째, 회사와 부서 내의 인간관계를 양호하게 만들며 그것의 유지를 위해 세심하게 배려해주는 것이다.

전자는 '업무 중심의 역할'이고, 후자는 '인간관계 중심의 역할'이다. 중간 관리자는 이 두 역할 모두를 소화할 수 있어야 한다.

물론 일을 하는 것은 사람이기에 그 마음을 붙잡으면 업무가 원활히 진행될 수밖에 없다. 부하의 입장에서, 인간관계에 중점을 둔 상사야말로 '부하의 마음을 알아주는 관리자', '인간미 있는 관리자'이다.

이에 관한 흥미로운 조사가 있었다. 그 결과는 다음과 같다.

① 인간관계보다 업무를 중시하는 상사를 둔 부하에게 불평불만이 더 많다.

② 평소 양쪽의 비중을 비슷하게 둔 상사일 경우, 갑자기 업무

에 중점을 두는 일이 생길 때 부하의 불평불만이 급증하게 된다.

③ 평소 인간관계를 중시하는 상사를 둔 부하는 갑작스레 업무량이 많아지더라도 불평불만이 그다지 생기지 않는다.

위의 조사 결과를 통해 중간 관리자의 '인간관계 중심의 역할'이 얼마나 중요한지를 알 수 있다.

사실, 부하의 불평불만은 업무 자체보다는 인간관계를 기반으로 한 결속력 유무에서 비롯된다. 확실히 상사와 부하의 커뮤니케이션이 업무에 큰 영향을 끼친다. 그래서 부하와의 커뮤니케이션 활성화가 중요한 것이다. 따라서 중간 관리자는 업무 중심의 역량에만 집중해서는 안 된다. 더 나은 성과 도출을 위해 인간관계 중심의 역량을 길러야 한다.

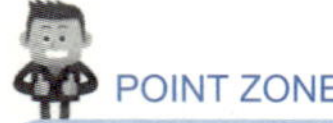

POINT ZONE

긍정적인 방향으로 이끌려면 우선 커뮤니케이션의 기회를 늘려 서로의 이해도를 높여야 한다. 물론 이는 한두 번으로 해결되는 일은 아니다. 수없이 열린 마음으로 상호 커뮤니케이션 접촉을 해야 한다. 부하의 입장에서, 인간관계에 중점을 둔 상사야말로 '부하의 마음을 알아주는 관리자', '인간미 있는 관리자'이다.

4 인간적인 상사가 되는 법

부하 직원이 믿고 따르는 인간적인 상사가 되기 위해서는 다음의 여섯 가지 원칙을 체화해야 한다.

첫째, 솔선수범한다.

아이가 부모를 보고 배우듯, 부하는 상사의 모습을 보며 성장한다. 지시를 내리는 것만이 상사의 역할이 아니다. 상사는 업무에서 솔선수범하는 행동력을 보여주어야 한다. 그래야 부하의 신뢰와 존경, 일체감을 이끌어낼 수 있다.

둘째, 적극적으로 접촉 기회를 잡는다.

부하는 상사와 접촉하는 빈도에 따라 업무 태도가 달라진다. 하루 접촉 횟수가 '평균 3회 이상'인 그룹과 '평균 2회 이하'인 그룹을 나누어 조사해본 바, '상사에게 친근감을 느낀다'는 항목에서 3회 이상인 그룹의 65퍼센트가, 2회 이하인 그룹의 35퍼센트가 ‘그렇다’고 답했다.

공적이든 사적이든 접촉은 서로를 이해하는 기회가 된다. 점심 식사 후의 잡담도 좋고, 아침 조회 후의 간단한 티타임 혹은 퇴근 후의 한잔도 좋다. 부하와 자연스럽게 감정을 털어놓을 기회를 만드는 것이 서로의 친근감을 높이는 지름길이다.

셋째, 충고라는 서비스를 제공한다.

부하는 상사에게 관심의 대상이 되기를 원한다. 따라서 다소 쓸데없는 참견처럼 보일지라도 부하에게 세심한 충고를 해주어야 한다. 그러면 부하는 겉으로는 투덜댈지 모르지만 속으로는 ‘이런 데까지 마음을 써주시는구나’ 하고 감동한다.

넷째, 부하에게 조언을 구한다.

지위가 오를수록 ‘체면’이라는 거추장스러운 것이 따라붙는다. 어느 순간부터 체면을 차리느라 행동에 제약을 받는다.

상사는 대개 어려운 상황에 처했을 때 주위에 말하지 않는다. 불평불만을 털어놓거나 어려움을 호소하는 것은 상사답지 못한 짓이기에 혼자서 해결해야 한다는 강박관념에 사로잡혀 있는 것이다.

이는 가장의 행동과 비슷하다. 생계를 책임지는 가장은 식구들이 걱정할까 봐 밖에서의 어려움을 일절 언급하지 않는다. 물론 그 때문에 가족들은 아무런 걱정 없이 살아간다. 그 폐해는 별다른 난관이 없을 때는 드러나지 않지만 가장의 생계 활동이 어려워지면 극명하게 나타난다.

예컨대 가장은 부도가 나서 고통을 겪고 있는데 다른 가족들은 여유 있게 레저를 즐기고자 해외여행을 떠나자고 졸라댄다고 치자. 그런 상황에서 가장은 가족들을 보며 서운한 감정을 넘어 배신감, 허탈감이 들 것이다. 그러나 그것은 가장의 자승자박이어서, 다른 가족들에겐 잘못이 없다. 가장이 어려운 티를 내지 않았으니 가족들은 아무것도 모른 채 평소대로 생각하고 행동할 수밖에 없는 것이다.

회사에서의 상사도 마찬가지다. 업무 추진이 난관에 부닥쳤을 때, 그것을 겉으로 드러내지 않으면 팀원들은 팀의 어려움을 알 수 없다. 팀장은 어려움을 겪고 있는데 팀원들은 별다른 위기감 없이 대충대충 일을 해나가는 상황이 벌어질 수도 있는 것이다.

그런 부하들을 보고 있자면 상사는 가장처럼 서운함과 배신감이 들 것이다. 부하들은 부하들대로 상사의 심상치 않은 분위기를 감지하지만 그뿐이다. 그렇게 상사와 부하들은 서로 겉돌게 된다. 이런 상태에서는 '우리는 하나다'라는 일체감이나 유대감이 형성될 수 없다.

부하에게 자신의 고민이나 애로점을 토로하고 기꺼이 조언을 받아들인다는 것은 결코 상사 자신의 지위를 손상시키는 일이 아니다. 도리어 커뮤니케이션을 활성화하는 계기가 된다. 또한 부하의 말을 통해 부하의 가치관이나 현재 상태, 문제점

등을 엿볼 좋은 기회가 된다.

상사가 아무리 머리가 좋고 경험이 많다 해도 생각과 역량
에는 분명 한계가 있게 마련이다. 따라서 부하의 젊은 감각을
크게 활용하여 도움을 받을 수도 있다는 열린 마음을 가져야
한다.

다섯째, 임원·동료·부하에 대한 험담을 삼간다.

부하에게 상사는 가장 가깝게 느낄 수 있는 회사의 대표다.
부하의 불만, 고충은 대부분 상사에 대한 것이다.

그런 상사가 임원, 동료, 부하에 대한 험담을 일삼는다면 부
하 직원은 갈피를 잡지 못한다. 결국 시간이 지날수록 험담하
는 상사에 대한 불신감이 점점 쌓일 것이다.

따라서 자신의 회사를 대표하고 있다는 긍정적인 의식을 갖
고 특히 부하들 앞에서 쓸데없는 말을 삼가야 한다.

여섯째, 부하의 말을 잘 들어준다.

부하를 대할 때는 특히 '잘 들어주는 사람'이 되어야 한다.
부하의 이야기를 듣지 않고 자신의 주관이나 선입관으로 판단
해버린다면 커뮤니케이션이 잘 이루어질 수 없을뿐더러 정확
한 정보마저 얻기 힘들다.

부하의 말을 들을 때, 중간에 제삼자를 개입시키지 말고 직
접 마주 앉는 것이 좋다. 자신의 말을 신중하게 들어주는 것을
눈으로 확인할 때 상사에 대한 부하의 신뢰도가 더욱 커지기
때문이다.

인간적인 사람에게 더 공감하고 끌리게 마련이다. 지금은 사람이 힘인 시대다. 사람의 마음을 사로잡기 위해서는 커뮤니케이션 능력을 최대한 키워야 한다. 커뮤니케이션이 왕성해지면 상사가 살고 부하가 살고 기업이 산다.

POINT ZONE

지금은 사람이 힘인 시대다. 사람의 마음 사로잡기 위해서는 커뮤니케이션 능력을 최대한 키워야 한다. 커뮤니케이션이 왕성해지면 상사가 살고 부하가 살고 기업이 산다.

상대방의 장점을
커뮤니케이션의 매개로 삼아라

현재 당신에게는 몇 사람의 부하가 있는가? 예를 들어, 다섯 사람이 있다고 치자. 그 다섯 사람의 능력을 충분히 발휘시켜 당신의 능력으로 완전히 활용하고 있는가? 아마도 "그렇다"고 답변할 수 있는 상사는 열 사람 중 두세 사람에 불과할 것이다.

부하의 능력을 충분하게 활용할 수 없다거나 자신의 힘을 마음껏 발휘할 수 없는 최대의 원인은 무엇일까? 부하나 자신이 지닌 '장점'을 제대로 인식하지 못하기 때문이라고 단언할 수 있다.

커뮤니케이션을 저해하는 요인도 실은 상대방의 장점을 찾아보려고 하지 않는 소극적인 자세와 배타적 자세에 있다. 따라서 커뮤니케이션의 능력을 높이는 첫 번째 포인트는 바로 적극적인 긍정의 자세다.

"듣고 보니 그럴 법하지만, 아무리 눈을 씻고 찾아봐도 장점이라고는 눈곱만큼도 없는 사람이 수두룩하다니까요."

이렇게 말하는 사람도 있을 것이다. 만일 상사들 사이에서 '쓸모없는 인물'로 찍힌 직원이 바로 당신의 부하로 배속되었다면 당신은 어떻게 하겠는가? 당신은 당연히 애초부터 그를 쓸모없는 인물이라고 인식할 것이다. 그리고 그가 수행하는 모든 일이 무척이나 못마땅할 것이다. 그러나 반대로 그가 '능력 있는 인물'이라면 무슨 일을 해도 믿음직스럽게 보일 것이다. 어느 쪽 부하가 당신에게 힘이 되어 줄 것인가는 굳이 말할 필요가 없다.

사람은 누군가에게 신뢰를 받으면 그 신뢰에 보답하고자 의욕적으로 일을 수행한다. 사실, 사람은 누구에게나 신뢰할 만한 점이 있게 마련이다. 모든 사람에게는 적어도 세 가지 이상의 장점이 존재한다. 당신이 평소에 어떤 직원을 '쓸모없다'고 생각했다면, 지금부터는 도끼눈을 뜨고서라도 그의 장점을 찾아보라. 업무 측면에서 발견할 수 없다면 인간적인 측면에서라도 찾아보라.

예컨대 '동료들 사이에 인기가 좋다' 혹은 '회식에서 분위기를 잘 띄운다'는 사실에서 '나서기를 좋아하는 사람으로, 자기 표현력이 좋다'고 해석해볼 수도 있을 것이다.

다섯 명의 직원에게서 각각 세 가지씩의 장점을 찾아낸다면 당신은 열다섯 개의 장점을 활용할 수 있게 되는 셈이다. 이 점을 염두에 두고 당신은 부하 각자가 그 장점을 업무에서 살려줄 것이라는 기대를 걸고 저마다의 개성을 인정하는 커뮤니케이션이 이루어지도록 노력해야 한다. 그러면 생각 이상의 성과를 얻을 수 있다. 상대를 인정해주는 적극적인 긍정의 사고야말로 커뮤니케이션의 출발점임을 다시 한 번 상기하라.

POINT ZONE

사람은 누구에게나 신뢰할 만한 점이 있게 마련이다. 모든 사람에게는 적어도 세 가지 이상의 장점이 존재한다. 당신이 평소에 어떤 직원을 '쓸모없다'고 생각했다면, 지금부터는 도끼눈을 뜨고서라도 그의 장점을 찾아보라.

상대방을
긍정적으로 이해하라

"요즘 젊은 친구들, 도대체 알 수가 없어."

이런 얘기를 종종 듣곤 한다. 전문가들조차 세대 간의 의식 구조가 역사적으로 지금만큼 큰 차이를 보인 적이 없었다고 이구동성으로 말한다. 하지만 이를 시대나 교육 또는 사회 탓으로 돌린다면 아무런 해결책을 찾을 수 없다. 현실을 올바르게 분석하고 이해해야만 대화가 되고 대책을 세울 수 있는 것이다.

커뮤니케이션도 마찬가지다. 흔히 커뮤니케이션을 캐치볼에 비유한다. 그만큼 상대를 무시한 커뮤니케이션이란 있을 수 없다.

당신이 어린이를 상대로 캐치볼을 한다고 생각해보자. 특별히 의식하지 않더라도 어린이에 알맞게 공을 던질 것이다. 자신의 실력이 꽤 그럴싸하다고 해서 강속구를 던진다면 어린이는 그 공을 받기는커녕 다칠지도 모른다.

커뮤니케이션의 능력을 높이는 또 다른 방법은 위의 가정에서처럼 '공을 받는 상대'를 배려하는 것이다. 다시 말해, 상대의 입장에 서서 그 발상을 이해하려는 노력이 있어야 하는 것이다.

'적을 알고 나를 알면 백전백승'이라는 말이 있듯이, 상대를 내 편으로 만들려면 우선 상대를 있는 그대로 받아들여야 한다.

사람이란 누구든지 처음에는 다른 사람의 말에 거부 반응을 보이게 마련이다. 또한 누구나 자신의 입장에서 이야기를 진전시키려는 것도 일반적인 습성이다. 하지만 이런 성향을 고수해서는 커뮤니케이션 능력이 향상될 리 없다.

"그럼 상사의 권위나 리더십은 어떻게 되는가?"

이런 항의도 나올 법하다. 이를테면 젊은이들의 발상은 차원이 낮고, 도덕에 문제가 있으며, 이기주의 성향이 강하다고 여기는 이도 많을 것이다.

그러나 리더십의 궁극적인 목표가 무엇인가. '그 대상이 누구일지라도 상대를 파악하고, 상대의 능력을 끌어내어, 자신의 능력으로 활용'하는 것이다. 요컨대 리더십의 실질적인 목표는 좋은 방향으로 사람을 부리는 것이다. 이를 실현해주는 지름길은 상대의 마음을 사로잡는 것이다. 그러자면 우선 상대를 먼

저 이해해주는 것이 선행되어야 한다. 즉, 내가 먼저 받고 상대
에게 던져주는 캐치볼의 기술이 전제되어야 하는 것이다.

회사에서 커뮤니케이션의 능력을 키우려면 사내 정보에 정
통해 있어야 한다. 그러나 실제로는 바쁘다는 핑계로 사내 정
보를 적극적으로 수집하는 중간 관리자는 별로 많지 않다. 기
껏해야 임원이 동석한 회의에서 입수한 정보를 토대로 자신의
과거 경험이나 예감을 곁들여 커뮤니케이션하는 게 일반적이
다. 그러다 보면 선입관으로 상사나 부하를 함부로 판단해버리
는 커뮤니케이션에 그치는 경우가 많다.

사내 정보 수집을 효과적으로 하려면 적극적인 조사 정신과
더불어 적절한 소통 기술도 필요하다. 특히 다른 사람을 통한
정보 수집에서는 공식적인 정보는 물론 숨겨진 이면의 정보를
얻을 수 있는 비공식적인 루트에도 신경을 써야 한다.

정보 수집을 위해서는 다음의 사항들을 참고해야 한다.

첫째, 기록, 보고서류, 일지, 고객장부 등 업무에 관련된 것들
을 소홀히 여기지 않는다.

둘째, 사내보고서, 홍보지 등 공식적인 것 외에 서클 활동, 동
호회 등에 적극적으로 참가한다.

셋째, 회사 간부의 신년인사, 경영 방침의 발표, 연수회나 집
회 때의 강연이나 특별행사에서의 발언, 또는 각종 공문서상

의 발표 등도 그 배경까지 인식하여 잘 파악해둔다.

넷째, 부하들의 잡담을 '시시하다'고 일축해버리지 말고 가벼운 마음으로 그 대화에 끼어든다. 사내 정보는 물론 뜻하지 않은 부분에서 부하의 새로운 면모나 능력을 발견할 수도 있다. 이런 비공식적인 석상에서만 찾아볼 수 있는 알짜를 발견할 것이다.

글로벌 기업이 수없이 많은 지금, 사람도 글로벌 인간이 되어야 한다. 모든 장소에 얼굴을 내밀며 커뮤니케이션을 도모할 수 있는 인재가 필요한 때인 것이다. 여기에 유익한 정보 수집 능력은 말할 것도 없다.

POINT ZONE

'적을 알고 나를 알면 백전백승'이라는 말이 있듯이, 상대를 내 편으로 만들려면 우선 상대를 있는 그대로 받아들여야 한다. 사내 정보 수집을 효과적으로 하려면 적극적인 조사 정신과 더불어 적절한 소통 기술도 필요하다. 특히 다른 사람을 통한 정보 수집에서는 공식적인 정보는 물론 숨겨진 이면의 정보를 얻을 수 있는 비공식적인 루트에도 신경을 써야 한다.

부하 직원과의
커뮤니케이션

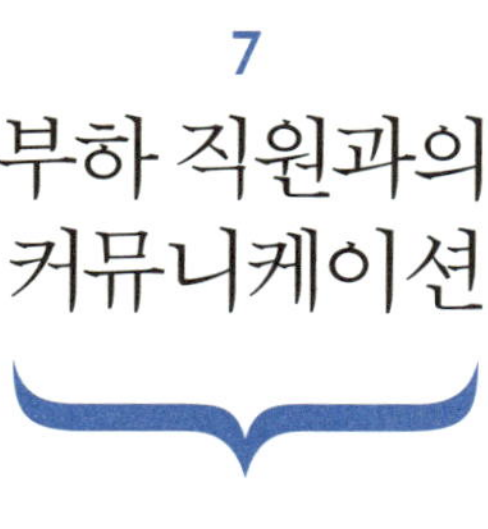

부하와의 커뮤니케이션에서 가장 어려운 것이 '야단치는 방법'이다. 그러나 이것도 긍정적인 사고로 대처하면 오히려 좋은 결과를 얻을 수 있다.

첫째, 질책 장소는 공개적인 곳을 피한다.

야단치는 장소를 선택하는 데 신중을 기해야 한다. 어떤 경우라도 질책한답시고 다른 사람들 앞에서 수치를 주어서는 안 된다. 공개적으로 망신을 주는 일은 부정적인 결과만 초래할 뿐이다. 따라서 되도록 둘만 있는 장소에서 야단을 치도록 한다.

둘째, 실수는 젊은이의 특권임을 염두에 둔다.

부하를 너무 막다른 골목으로 몰지 않는다. 실수나 잘못을 엄격하게 추궁하는 것은 별 도움이 되지 않는다. 사실, 당신 또한 그만 할 때 많은 실수를 범했을 것이다. 실수는 젊은이의 특권이라고 너그럽게 생각하고 너무 꼬치꼬치 따지지 말라. 질책 시 유머까지 섞는 여유를 가지면서, 냉정하되 부드럽게 이야기하도록 한다.

셋째, 뒤끝이 없어야 한다.

야단치거나 충고한 다음에는 그런 사실 자체를 싹 잊어버렸나 싶을 정도로 뒤끝을 없애는 것이 바람직하다. 젊은 부하는 앞날이 창창한 사람이다. 야단친 다음 계속 안 좋은 감정을 가지고 있거나 업무상 불이익을 주는 것은 물론이고, 부서 회식 때 농담으로라도 그 사실을 입에 올린다면, 그는 점점 더 주눅들어 자신의 역량마저도 발휘하지 못할 것이다.

넷째, 인격 모독은 절대로 해선 안 된다.

일은 나무라되, 인격은 나무라지 말라. 업무상의 실수는 호되게 야단을 쳐도 되지만, "자넨 우리 부서의 골칫거리야"라는 식으로 인격에까지 수치를 주어선 안 된다.

그보다는 "평소 자네답지 않게 왜 그러나?", "자네가 이런 실수를 저지르다니 뜻밖이네"라는 식으로 상대에게 여전히 기대감을 주는 뉘앙스를 풍기는 것이 중요하다.

다섯째, 반드시 격려로 마무리한다.

다 나무란 후에는 이렇게 말한다.

"난 자네에게 기대를 걸고 있네."

이런 식으로 약간의 격려의 말을 덧붙이면 상대는 '야단맞았다'기보다는 '가르침을 받았다'는 기분을 갖게 되고, 의기소침한 마음에서 다시 도전 정신을 불태우며 심기일전하게 된다.

이런 격려의 말은 끝마무리에 사용하는 것이 긍정적인 마음을 주는 데 더 효과적이다.

일은 나무라되, 인격은 나무라지 말라. 업무상의 실수는 호되게 야단을 쳐도 되지만, "자넨 우리 부서의 골칫거리야"라는 식으로 인격에까지 수치를 주어선 안 된다.

8

적극적으로
화젯거리를 모아라

커뮤니케이션 능력이 뛰어난 사람은 대개 화젯거리가 풍부
할뿐더러 그 이야기가 신선하다. 같은 내용이더라도 맥을 잘
짚어 이해하기 쉽게 풀어놓는다. 여기에 유모는 물론 독특한
체험담까지 섞어가며 설득력을 배가시킨다.

물론 어떤 사람이든 자기만의 체험에는 한계가 있게 마련이
다. 따라서 화제를 풍부하게 확보하려면 다른 사람의 힘을 빌
리는 것도 필요하며, 그것을 위해 늘 주변의 이야기에 귀를 기
울이는 노력도 필요하다.

화젯거리를 축적하는 방법은 다음과 같다.

첫째, 매스컴의 행간을 꿰뚫어 이를 활용한다.

단순한 인용은 누구나 가능하다. 당연히 흥미를 끄는 힘이

떨어질 수밖에 없다. 따라서 타인과 다른 시점에서 생각하도록 한다.

흔히 '뉴스는 보도된 이면의 것일수록 사실에 가깝다'고 말한다. 신문, 잡지, 텔레비전, 주간지 등에서 표면에 드러난 것 외에 그 주변의 여러 사실을 아울러서 파악한다면 훨씬 흥미 있는 화젯거리가 될 것이다.

둘째, 책에서 인용한다.

틈틈이 대형서점을 기웃거리는 것을 낙으로 삼아보라. 자신에게 크게 도움이 될 것이다. 신간을 비롯하여 베스트셀러에 주목해보라. 또한 신문, 인터넷에서 올라온 서평과 출판 광고 등을 유심히 살펴보라. 이를 통해 요즘의 최신 트렌드와 관련된 화젯거리를 얻을 수 있을 것이다.

셋째, 체험담을 화제로 삼는다.

자신의 체험담만큼 호소력이 강한 것은 없다. 그러므로 모든 일을 할 때 의식적으로 기억하고, 필요하다면 메모도 해놓아야 한다.

특이한 체험이나 인생을 좌우할 만한 큰 사건만이 화제에 적합한 것은 아니다. 일상생활 속에서도 훗날 화제가 될 사항은 많이 숨어 있다. 뭐든지 무심코 보면 놓쳐버리기 십상인 것이 많다.

광고나 스쳐 지나가는 사람들에게도 그때그때의 표정이 있게 마련이다. 주위의 청중이 몰리는 사람을 보면, 대개 청중으로 하여금 '어떻게 저런 걸 포착했지!' 하고 감탄하게 만든다.

넷째, 듣고 본 것을 화제로 삼는다.

내가 듣기에 희귀하고 재미있었던 이야기는 다른 사람에게도 흥미진진한 경우가 많다. 따라서 체험담과 비슷한 내용이지만 호기심과 문제의식을 갖는다면 다른 사람의 체험이나 화제도 효율적으로 활용할 수 있다.

커뮤니케이션의 힘을 키우려면 신선함이 필요하다. 그래서 신선한 뉴스는 좋은 화젯거리인데, 그때 화제에 걸맞은 표현이나 비유를 곁들인다면 더할 나위 없이 좋을 것이다.

세상에 잘 알려지지 않은 이야기나 숨겨진 명소 등도 흥미 있는 화젯거리가 될 수 있다.

POINT ZONE

커뮤니케이션 능력이 뛰어난 사람은 대개 화젯거리가 풍부할뿐더러 그 이야기가 신선하다. 같은 내용이더라도 맥을 잘 짚어 이해하기 쉽게 풀어놓는다. 여기에 유모는 물론 독특한 체험담까지 섞어가며 설득력을 배가시킨다.

9

상사에게는
신속하고 정확하게 보고하라

중간 관리자가 상사와 커뮤니케이션을 할 경우, 대부분은 업무상 보고가 주를 이룰 것이다. 그것도 상층부로 올라갈수록 중요도가 높은 것임에 틀림없다.

그런데 흔히 보고만 하면 자신의 책임을 완수하였다고 착각하는 사람들이 많다. 이는 잘못된 생각이다. 경영층과 접촉할 때 커뮤니케이션의 힘을 발휘하기 위해서는 우선 아래와 같은 점을 인식하고 유의해야 한다.

일상적인 보고는 요점을 추려서 하는 것이 당연하지만, 예외적인 사항이나 이상 현상 등은 자기 판단으로 처리하지 말고 신속하게 보고한다. 경영상 지대한 영향을 미칠지도 모를 뜻밖의 사항일 수도 있고, 중요한 변수의 조짐이 숨어 있는 것일 수도 있기 때문이다. 중요한 것은 그런 일일수록 자기 판단을 개입시키지 말고 사실 그대로만 보고해야 한다는 점이다.

중간 관리자의 주관이 개입된 것은 상층부의 판단을 흩뜨리기가 쉽다. 사실을 확인한 후 시기를 놓치지 말고 구두로 직접 전달하는 것이 중요하다.

'이야기한다'와 '이해한다'는 것으로 조직의 활성화가 이루어지면 개인의 능력 또한 배가된다. 인간은 서로 대화하며 이끌어주는 가운데 성장의식이 고취되고 경쟁심이 생기며 나름대로 조직에 공헌하고자 하는 의욕이 용솟음치게 되어 있다.

조직원 간에 서로 존중하지 않고 신뢰도 하지 않는 가운데 이해(利害)관계로만 얽힌 기업은 절대로 성장할 수 없다.

일상적인 보고는 요점을 추려서 하는 것이 당연하지만, 예외적인 사항이나 이상 현상 등은 자기 판단으로 처리하지 말고 신속하게 보고한다. 경영상 지대한 영향을 미칠지도 모를 뜻밖의 사항일 수도 있고, 중요한 변수의 조짐이 숨어 있을 수도 있기 때문이다.

긍정적인 사고로 사람을 움직여라

1

나의 체험을 살려
신입사원을 대하라

1980년대 후반 이래로, 우리 사회는 '1년 전도 까마득한 옛날'이라 해도 좋을 만큼 급변하고 있다. 그래서 한 살만 차이가 나도 '이해할 수 없다'라고 하고, 두 살 차이는 '서로 통하지 않는다', 세 살 차이는 '외국인', 다섯 살 차이는 '우주인', 열 살 차이는 '지구 밖의 생물'이라는 유머가 회자될 만큼 가치관이 다양해지고 있는 실정이다.

신입사원의 입장에서 볼 때 입사 4~5년차 선배는 제법 연륜이 쌓인 의젓한 사회인으로 보일 것이다. 그래서 직장생활이나 업무 측면에서 신뢰하며 지도를 바라기도 한다.

한 대기업의 과장에 따르면, 1년차 사원은 1/3 정도, 2년차는 1/2 정도, 3년차는 2/3 정도밖에 제 구실을 못하며, 4~5년차가 되어서야 비로소 온전히 자기 구실을 한다고 한다. 요즘 신세대 사원들의 미숙한 경향을 지적한 것인데, 그렇기 때문에 신입사원에 대해서는 더욱 각별한 의식을 가지고 이끌려는 마음가짐이 요구된다.

40~50대들은 요즘 젊은이들이 일에 무기력하다고 한다. 하지만 실제로 그렇지 않다. 그렇게 말하는 그들도 과거 그만 할 때 선배에게 비슷한 소리를 듣고 반발했던 경험을 가지고 있을 것이다.

그런 자기 경험을 바탕으로 신입사원을 대해야 한다. 새내기의 특성을 긍정적으로 인식하고 키워주고자 하는 배려가 더욱 중요해진 시점이다.

POINT ZONE

자기 경험을 바탕으로 신입사원을 대해야 한다. 새내기의 특성을 긍정적으로 인식하고 키워주고자 하는 배려가 더욱 중요해진 시점이다.

2

신세대 사원의
긍정적인 특성을 이해하라

신세대 사원들의 긍정적 특성은 다음과 같다.

첫째, 자신 있는 분야를 가지고 있다.

본격적인 레저 시대에서 자란 신세대들에게 취미생활이나 흥미 추구는 거의 일상적이고 보편화되어 있다.

예를 들어, 오디오에 관해서라면 전문가 못지않은 수준을 지녔다든가, 카메라·자동차·미술·PC게임 등 대부분의 젊은 이가 자신의 흥미 분야를 하나쯤은 가지고 있다. 누구든지 흥미 대상에 대해서는 놀라울 정도로 집중력을 발휘하는 게 요즘의 신세대들이다.

둘째, 패션 감각이 뛰어나다.

신세대의 패션에 대한 관심은 남녀를 불문하고 급속도로 고

조되고 있다. 특히 여성의 전유물처럼 여겨졌던 분야의 벽이 무너져 남성 화장품, 남성 패션지, 남성 성형수술 등등의 새로운 비즈니스가 한창 성행하고 있다.

그들에게 패션이란 차림새에 관한 센스에만 국한되는 게 아니다. 그들은 인간의 가치를 판단하는 기준으로 패션을 활용하고 있다. '뛰어난 센스'를 높게 평가하며, 거기서 그 사람의 시대에 대한 감각을 발견하고자 하는 것이다.

셋째, 국제적 감각을 지녔다.

해마다 해외여행을 하는 젊은이가 급증하고 있다. 대학생활 중에 해외여행을 체험하는 것쯤은 이제 당연한 일이 되어버렸다. 홈스테이를 체험한 젊은이들도 매년 증가 추세에 있다.

그러다 보니 기업들은 취업 시 가장 큰 평가 요소로 영어 실력을 강조하고 있으며 그 기준도 나날이 높아지고 있다. 토익 점수는 기본적으로 높은 점수를 맞아야 하고, 영어 면접, 영어 설명회도 강조되는 추세다. 대학생들에게 토익은 마치 국가고시처럼 자리잡아가고 있다. 따라서 외국어 학원과 외국 문화원을 다니면서 외국어 습득에 열중하는 사람도 굉장히 많아졌다.

이런 환경 속에서 이들은 회화 능력이 뛰어날 뿐만 아니라 문화적 차이에서 오는 문화충격도 거의 느끼지 못한다. 게다가 가장 왕성한 성장기에 외국인과의 접촉을 경험하고 있기 때문에 외국인 콤플렉스도 없다. 예전 세대는 충격으로 받아들였을 만한 각 나라의 독특한 문화도 쉽게 포용하고 자연스레 이해하는 수준이 되었다. 그만큼 국제적인 감각을 자연스레 몸에 익힌 사람들이 많아지고 있는 것이다. 이 점은 특히 전 세대와는 크게 다른 긍정적인 특성일 것이다.

넷째, 수직적 관계보다 수평적 관계를 중시한다.

학교 수업과 과외 등의 교육과열의 시대에서 자란 그들의 친구 교제는 오로지 학습을 중심으로 이루어져 왔다. 또한 형제가 옛날처럼 많지 않은 탓인지 자신보다 나이 많거나 적은 사람들과의 교제가 과거에 비해 그리 많지 않다.

그러다 보니 수평적 관계인 친구들과의 교제가 우선이기에 입사해서도 상사와의 교제보다 입사 동기들과의 교제를 중시하는 경향이 강하다. 그렇기에 동료의식이 뛰어나다.

다섯째, 정보 수집 능력이 뛰어나다.

그들은 그야말로 정보화 시대에서 성장하였다. 매스컴은 눈부시게 발달하였고 온갖 정보가 소용돌이치는 와중에서 생활하고 있다. 때문에 자연스럽게 정보 수집 능력을 키울 수 있었다. 학창 시절부터 자신에게 도움이 되는 정보를 폭넓고 손쉽게 얻는 요령을 익힌 것이다.

그들은 고도 성장기 속에서 모든 것을 선택하면서 자라왔기 때문에 자기 자신에게 무엇이 이로운 것이고 무엇이 해로운 것인지를 분별하는 능력 또한 우수하다.

이러한 신세대의 긍정적 특성을 이해할 때, 회사는 그들을 최적의 자원으로 활용할 수 있을 것이다. 특히 4~5년차 선배들이 상사와 신세대 사원의 중간 역할을 감당해야 할 것이다.

POINT ZONE

신세대 사원들은 자신 있는 분야를 하나씩 가지고 있으며 정보 수집 능력이 뛰어나다. 그들은 패션 감각이 뛰어날 뿐만 아니라 국제적 감각까지 가지고 있다. 그들은 보편적으로 수직적 관계보다 수평적 관계를 중시한다.

3

각 개인의 역할을
인식시켜라

요즘 신세대 사원들은 이러한 기본 논리를 갖고 있다.

"우리는 옛날 세대와는 달리 유복한 환경에서 최고의 교육을 받아왔다. 때문에 그 가능성은 지대하며, 회사는 그 가능성을 충분하게 발휘할 수 있도록 이끌어주어야 한다."

상사는 이러한 신세대 사원을 받아들여 직업의식을 자각시키는 한편, 그의 가능성을 끌어내기 위해 어떤 조치를 취해야 할까?

앞 장의 다섯 가지 특성에 입각하여 아래와 같이 대응하면서 개인의 역할을 부여해야 한다.

첫째, 가르치고 싶은 것을 구체적으로 명시한다.

'일'이란 '흉내 내는 것'에서 시작하여, 그것을 배우고 익혀서 자신의 것으로 만드는 것이다. 그러나 새로운 교육을 받고 새로운 사고방식을 지닌 젊은이들은 일을 단순히 '위에서 주어진 대로만 하면 된다'는 생각을 갖고 있어서 큰 문제다.

상사는 부하 직원과 매일 책상을 나란히 하고 있고 행동도 함께하고 있으니까, '말 안 해도 알겠지', '보았으니까 잘 알 거야'라는 생각에 젖어 있다면 큰 오산이다. 상사는 부하가 '알아주었으면 하는 것', '일러주고 싶은 것', '해주었으면 하는 것' 등을 구체적으로 분명하게 전달해주어야 한다.

그런 것이 거듭됨에 따라 신세대 사원은 회사에 대한 귀속감이 높아져 일에 대한 의욕도 샘솟고, 나아가 사회인으로서의 기본자세를 몸에 익힐 것이다.

선배 직원들은 신세대 사원들의 여러 가지 고민을 들어주는 경우가 많을 것이다. 그런데 이때 주의해야 할 점은 결코 비위 맞추는 것으로 끝날 이야기는 하지 말라는 것이다. 왜냐하면 그들은 오랫동안 가정과 학교의 두터운 보호 아래 있다가 사회에 이제 막 발을 내디딘 햇병아리들이기 때문이다. 따라서 그들의 자기중심적인 고민이나 상담에 일시적인 말 상대로 대해주어서는 아무런 도움이 되지 못한다. 아니, 도움이 되기는커녕 자립심이나 사회성의 성장을 지연시키는 결과를 초래할지도 모른다.

지금 당장은 귀에 거슬리는 얘기일지라도 사회가 요구하는 것, 프로로서의 책임감, 각 분야에서의 역할에 대한 인식을 정확하게 가질 수 있도록 충고해주는 것이 진정한 선배로서의 자세다.

당신이 입사 당시에 그랬듯이, 신세대 사원의 입장에서는 직장이나 업무가 낯설어 쉽사리 친근감을 느낄 수 없을 것이다. 1년이 지나야 비로소 자신의 일을 파악하게 되고, 2년이 지나야 다른 사람의 업무도 알게 되며, 3년이 지난 후에야 마침내 자신이 관련된 분야의 업무가 눈에 들어온다고 한다. 그만큼 인재 육성을 하는 데는 시간과 노력이 필요한 것이다.

POINT ZONE

지금 당장은 귀에 거슬리는 얘기일지라도 사회가 요구하는 것, 프로로서의 책임감, 각 분야에서의 역할에 대한 인식을 정확하게 가질 수 있도록 충고해주는 것이 진정한 선배로서의 자세다.

부하에게 믿고 맡겨
인재로 양성하라

기업에서 가장 중요한 자원은 인재다. 그러나 인재는 우연히 얻거나 저절로 육성되는 것이 아니다. 다이아몬드가 원석을 갈고닦아야만 비로소 보석으로서의 가치를 발하듯이, 인재 육성 또한 그렇게 해야 한다.

사람은 누군가에게 인정받는다는 사실을 인식하면 의욕을 불태워 분발하게 되므로, 그것은 일을 효과적으로 수행하게 하는 데 큰 도움을 준다. 그러니까 의욕을 배가시키는 묘약은 부하의 능력을 인정해주어 거기에 합당한 임무를 부여해주는 것이다. 이것을 요령 있게 잘할 때, 부하를 잘 다스리고 인재를 육성하는 유능한 상사가 될 수 있는 것이다.

일상 업무 속에서 부하를 확실하고 적절하게 교육시키고, 일의 중요도나 종류에 따라 그에 적합한 인물을 잘 선정하는 것이 자기 부서의 능력을 몇 배 더 키울 수 있는 요령이기도 하다.

부하 직원이 어떤 일을 70퍼센트 정도 감당할 수 있다고 판단되면 과감하게 전권을 위임하는 것이 좋다. 나머지 30퍼센트의 실패를 두려워한다면 아무것도 기대할 수 없고, 더불어 부하의 성장도 있을 수 없기 때문이다.

물론 이 나머지 30퍼센트는 부하 직원의 노력 여하에 달려 있다. 하지만 이렇게 상사가 자신을 믿어줄 때 부하는 이것을 달성하고자 하는 도전 정신을 기꺼이 발휘한다.

문제는 상사가 그런 동기를 부여해주어야 한다는 것이다. 부하가 100퍼센트 할 수 있을 때까지 기다린다면 일을 맡기는 것은 영원히 불가능할 것이다. 당연히 성장도 기대할 수 없다.

상사가 이처럼 부하에게 신뢰를 가지고 일을 맡길 때와 반신반의하면서 마지못해 맡길 때의 결과는 천지 차이다. 부하는 상사에게 전폭적인 신뢰를 받고 있음을 실감할 때 그에 비례하는 책임감으로 일을 수행한다.

사람은 책임감을 느낄 때, 그 책임을 완수하기 위해 자신이 갖고 있는 모든 능력을 쏟는다. 자신의 잠재 능력까지 발휘하면서 일에 완전히 몰두하게 되는 것이다.

죽기 살기로 일에 몰두하면 상사의 기대에 부응하는 결과가 나온다. 상사에게 신임을 얻고 있다는 그 사실은 의욕적으로 일을 추진하고 좋은 결과를 이끄는 원동력이 된다. 이를 염두에 두고 상사는 부하에게 의욕을 느끼게 할 만한 상황을 조성해주어야 한다.

그러면 상사의 만족도 역시 배가될 것이다. 이것을 피부로 생생하게 실감하였을 때 비로소 상사라는 지위에서만 얻을 수 있는 뿌듯한 보람을 맛볼 수 있을 것이다.

부하에게 실제로 일을 맡긴 후 상사는 어느 정도까지 뒷받침을 해주어야 할까? 상사는 부하가 최선을 다할 수 있도록 끝까지 관심을 가져주고, 그때그때 최선의 상황을 설정해주어야 한다.

이것을 구체적으로 제시해본다면, 다음과 같다.

① 맡긴 일의 내용을 확실하게 명시한다. 그리고 그 일에 대한 책임을 명확하게 전달한다.

② 다른 부하에게 협력을 구할 때는 각자의 책임 범위에 대해서도 설명을 덧붙인다.

③ 상사는 자신의 계획이나 목표, 그 추진 방법 등에 대한 정보, 그리고 예측이 가능한 일에 대한 예비지식을 제공해주어 부하의 경험 부족을 보완해준다.

④ 부하가 일을 진행해가는 상황을 보면서 그 처리 능력에 따라 책임 범위를 서서히 넓혀간다. 그러면 부하는 새로운 능력을 개발하면서 책임 있는 행동을 취하게 된다.

⑤ 일단 일을 맡긴 이상, 그에게 그 일을 진행해가는 데 필요한 권한을 주도록 한다. 특별한 문제가 발생한 경우 외에는 그 일에 관여하지 않는다. 문제가 생겼더라도 우선은 당사자에게 해결책을 모색하도록 한다.

이상과 같이, 일을 맡겼다면 굵직한 것만 챙기고 세세한 사항은 간섭하지 말아야 한다. 일을 맡겨놓고도 자질구레한 것까지 챙기면 부하는 모처럼 맡은 일임에도 자신감을 잃게 되므로 부정적인 결과를 초래할 수도 있다.

물론 완전히 떠맡긴 듯 방관만 하지 말고 정기적으로 체크하면서, 그때그때의 필요에 따라 궤도 수정을 해주며, 둘만의 업무 미팅을 통해 목표 달성을 향해 나가도록 조언해준다.

기본은 자신감을 갖게 만드는 커뮤니케이션이다. 어떠한 경우에도 이것을 잊지 말고, 부하가 실수를 했더라도 도중에 하차시키는 우를 범해서는 안 된다.

POINT ZONE

부하 직원이 일을 70퍼센트 정도 감당할 수 있다고 판단되면 과감하게 전권을 위임하는 것이 좋다. 나머지 30퍼센트의 실패를 두려워한다면 아무것도 기대할 수 없고, 더불어 부하의 성장도 있을 수 없다. 일단 일을 맡긴 이상, 그에게 그 일을 진행해가는 데 필요한 권한을 주도록 한다. 특별한 문제가 발생한 경우 외에는 그 일에 관여하지 않는다. 문제가 생겼더라도 우선은 당사자에게 해결책을 모색하도록 한다.

부하의 능력을
훌륭하게 이끌어내는 방법

40~50대의 사회 포지션은 참으로 다양하다. 대기업의 부장이 있는가 하면 경영자도 있다. 또한 성공한 사람, 실패한 사람 등등 과거의 연륜 정도에 따라 저마다의 모습으로 활동한다.

남자들이 모이면 주로 입에 오르내리는 화젯거리는 일의 성공담이나 실패담이다. 그런데 그 두 가지 경우에 모두 통용되는 것이 있다. 그것이 바로 '마음의 행동학'이다.

이것을 잘 살린 사람은 대부분 성공의 길을 걷고 있다. 성공한 사람들의 이야기를 들어보면 결코 사람을 '쓴다'거나 '사용한다'고 생각하는 거만한 의식 없이 사람의 능력을 '살리는' 발상을 지니고 있다.

또한 '사람을 움직이는 것'이 아니라 '사람의 마음을 움직이는 법'을 터득하고 있다는 점 역시 공통된 것이다.

현대는 급속도로 변화하여 사람의 가치관이나 인생관도 크게 전환되고 있다. 그러므로 상사의 입장에 있는 사람들은 이것을 충분히 이해한 후에 부하를 대해야 한다. 그렇게 하지 못할 경우, 상대의 마음에 쉽사리 불을 붙이지 못할 것이다.

사람이란 성장 환경과 시대 배경에 의해 사고하는 법이나 감성 그리고 행동이 완전히 다를 수 있다. 그만큼 자신의 사고방식만으로는 측량하기 어려운 것이 바로 인간관계다.

부하의 능력을 훌륭하게 이끌어낼 수 있는 사람은 이와 같은 변화를 잘 인식하여 거기에 걸맞은 대응을 한다. 이런 사람들은 '마음의 행동학'을 잘 터득하고 있는 인물들이다.

아주 유능하고 실력이 있어서 부러움의 대상이 되는 부하 직원조차도 때로는 짜증스럽고 일에 자신감을 잃을 수 있다. 이 슬럼프를 무사히 극복할 수 있도록 유도하는 좋은 방법은 무엇일까? 그것은 그 사람의 존재의식을 세심하게 어루만져줄 수 있는 마음의 배려다. 상사의 자상한 배려는 방전된 배터리가 충전되는 것처럼 부하의 행동에 새로운 활력소를 불어넣을 것이다.

상사는 부하의 자발적인 행동을 억누르거나 재능의 싹을 짓밟아서는 안 된다. 하물며 무의식중에라도 부하의 사기를 꺾는 행동은 절대로 삼가야 한다.

아무리 시대가 변했을지라도 기업 발전의 원동력은 도전 정신에 있다. 이것은 영원한 진리다. 부하로 하여금 일에 대한 열정과 도전 정신을 불태우게 하는 것은 상사의 임무이자 의무다.

과거 부하의 실수나 단점이 상기되더라도 그쪽에는 애써 눈을 돌리고, 그의 장점과 역량만 생각하여 "기대가 크니까, 잘해봐. 잘할 수 있을 거야!" 하고 진심으로 격려해주는 것이 상사가 해야 할 일이다.

POINT ZONE

무의식중에라도 부하의 사기를 꺾는 행동은 절대로 삼가야 한다. 아무리 시대가 변했을지라도 기업 발전의 원동력은 도전 정신에 있다. 이것은 영원한 진리다. 부하로 하여금 일에 대한 열정과 도전 정신을 불태우게 하는 것은 상사의 임무이자 의무다.

6

인사,
인간관계의 시작점

사람의 심리는 누구를 불문하고 매일 똑같은 일을 하더라도 그날그날 약간씩 기분이 달라진다. 설령 제아무리 온화한 성격의 소유자라 하더라도 아침 일찍부터 언짢았다면 그날 하루는 별로 유쾌하지 못한 생각으로 일관하게 되는 게 보통이다.

그런 이치를 잘 알고 있으면서도 우리는 무의식중에 주변 사람들을 불쾌하게 만드는 일이 종종 있다. 그 대표적인 것이 '인사'다.

호감을 느끼는 사람에게는 먼저 인사를 건네는 사람도 평상시 그다지 마음에 들지 않던 사람에게는 무뚝뚝하게 입을 다물기 십상이다. 그것이 거듭되면 감정적인 면에서 돌이킬 수 없는 벽이 생긴다.

인간관계를 달리 표현하면 '감정의 관계'다. 따라서 조직에서 출세하기를 원한다면 우선 주위에 '좋은 인상'을 심도록 해야 한다. '좋은 인상을 주는 사람'과 '비즈니스에서 성공한 사람' 사이에는 분명히 상관관계가 있다.

인사이동이 있을 때 누구든지 한두 번 이런 의문을 품은 적이 있을 것이다.

'그렇게 유능한 사람이 어째서 승진되지 않았을까?'

명목상 '업무의 능력이나 실적'을 기준으로 삼았다고 하겠지만, 상사도 결국 인간인 까닭에 부하를 평가할 때 '좋고 싫음'의 감정이 개입되는 것이 인지상정이다.

'좋은 인상을 갖게 한다'는 것은 '자신의 장점을 최대한으로 표현한다'는 의미다. 말하자면 더 적극적으로 자기표현을 행동으로 옮기는 것이다. 그 첫 번째가 바로 '인사'다.

많은 사람이 '히스테리 증후군'을 앓고 있다고 한다. 급변하는 시대 변화에서 오는 위기감과 자기 욕구가 충족되지 못한 데서 비롯된 이기적인 초조감이 한데 뭉쳐 그것이 말과 행동으로 표출된다.

'물질의 충족'의 끝은 결국 '마음의 충족'이다. 따라서 사람은 마음이 조급하고 초조한 때일수록 다른 사람의 따뜻한 말 한마디나 배려가 몇 배나 고맙고 소중하게 느껴진다.

매일 아침 주고받는 한마디의 인사가 상대에게 좋은 인상을 주어 호감을 키운다. 당연히 이후로도 계속 영향력을 미친다는 것을 명심하라.

각박한 이 시대에 가장 매력을 발하는 것은 금전이나 물질의 풍요가 아니다. 마음속에 와 닿는 따뜻하고 기분 좋은 말 한마디다. 그러므로 그까짓 '인사쯤이야' 하고 대수롭지 않게 여겨서는 안 된다.

인사는 적극적인 자기표현이고, 상대에게 입력되는 당신의 첫 이미지다. 이것을 기초로 모든 인간관계가 시작된다는 것을 명심해야 한다.

과연 당신은 인사를 잘하고 있는가? 자칭 엘리트 사원이라고 자부하면서도 인사 하나 제대로 못하는 사람이 많은 요즘이다. 그렇기에 사람을 대하는 당신의 태도에 무언가 석연치 않은 것을 발견했다면 즉각 시정해야 할 것이다.

앞서 언급했듯, 좋은 인간관계를 형성하는 첫 번째 계기는 밝고 깍듯한 '인사'다. 인사는 긍정적인 사고를 행동으로 옮기는 첫걸음이며 당신의 적극적 인생관에 대한 표현이다.

인사란 항상 명랑한 태도로 하며, 가능한 한 상대보다 먼저 하도록 한다. 명랑은 긍정적인 요인으로, 사람을 끄는 매력을 지니고 있다. 따뜻한 햇볕이 들어오는 곳에 사람들이 모여들듯, 밝고 명랑한 사람의 주변에도 사람들이 몰려들게 되어 있다.

만약 성격이 소극적이어서 인사할 용기가 없다면, '딱 5초만 용감해지자!'라고 생각하고 먼저 "안녕하세요!"라고 해보자.

기분이 언짢거나 마음이 우울한 날이더라도 얼굴을 들고 "안녕하세요!" 하고 큰 소리로 말해보자. 그 순간부터 기분과 행동이 밝은 쪽으로 돌아설 것이다. 사람이란 자기 자신의 말에 영향을 받기 쉬우며 암시에 걸리기 쉬운 존재다. 말은 몸을 움직이게 한다. 몸이 움직이면 마음도 움직이게 마련이다.

상대보다 심리적으로 우위에 서 있으면 마음에 여유가 생겨서 실력 이상의 능력을 발휘하기도 한다. 이런 측면에서도 인사는 가능한 한 먼저 하는 게 좋다. 언제 어디서든 내 쪽에서 먼저 말을 건네는 적극성이 인생에서 기회를 얻는 요령이 될 것이다.

POINT ZONE

'좋은 인상을 갖게 한다'는 것은 '자신의 장점을 최대한으로 표현한다'는 의미다. 말하자면 더 적극적으로 자기표현을 행동으로 옮기는 것이다. 그 첫 번째가 바로 '인사'다. 인사는 가능한 한 먼저 하도록 한다. 언제 어디서든 내 쪽에서 먼저 말을 건네는 적극성이 인생에서 기회를 얻는 요령이 될 것이다.

7

명랑한 응대와 인사의 효과

상대방의 인사에 명랑하게 응대하는 것 역시 비즈니스맨이 갖추어야 할 중요한 자질이라고 할 수 있다. 그 사람의 말씨가 인격은 물론 그 회사의 품격까지 판단하게 만들기 때문이다. 어떤 때라도 밝은 인사와 밝은 응대를 하는 것은 매우 중요한 일이다. 어떠한 웅변적인 설명보다도 진실이 담긴 명랑한 인사와 응대가 상대에게 박력 있는 비즈니스맨이라는 강렬한 인상을 줄 것이다.

인사는 내 쪽에서 적극적으로 먼저 하고, 응대는 명확하고 기쁘게 하라. 지극히 상식적인 일이지만 정말로 중요하게 실천해야 할 일이다. 마지못해 하는 떨떠름한 응대나 겉치레 인사는 삼가야 한다.

싸움의 대부분이 상대방의 '말하는 태도'에서 비롯된다. 따라서 상대방의 심정과 입장을 배려한다면 말투도 정중해지고 다툼도 사라질 것이다.

이해가 빠른 사람은 다른 사람의 말을 듣는 태도부터 다른 법이다. 누군가에게 일을 부탁하든 명령을 내리든, 내 쪽에서 먼저 진지하게 대한다면 상대 역시 진지하게 받아들이게 마련이다.

상사는 부하가 마땅히 해야 할 일을 했더라도, 열심히 한 것에 대해 "고맙네", "수고했어"라는 식의 감사 인사를 하는 게 좋다. 부하에게 이 한마디는 굉장한 격려가 되기 때문이다.

사람은 누구나 다른 사람들에게 인정받으려는 욕망을 지니고 있다. 그러므로 다른 사람들 앞에서 "수고했습니다", "고마워요"라는 말을 해준다면 더 좋은 결과를 끌어낼 수 있다. 그 말에 더욱 의욕을 낼 것이기 때문이다.

그저 마음속으로만 '고맙다'고 생각하는 것은 아무짝에도 쓸모가 없다. 그 마음이 상대에게 전해질 리 없기 때문이다. 그 마음을 말이나 태도로 표현할 때, 비로소 상호 교류가 시작된다는 점을 명심하라.

POINT ZONE

밝은 인사와 밝은 응대는 매우 중요하다. 어떠한 웅변적인 설명보다도 진실이 담긴 명랑한 인사와 응대가 강렬한 인상을 줄 것이다.

8

매력 있는 인품으로
상대방을 움직여라

사람이 할 수 있는 일 중 가장 위대한 것은 무엇일까? 인간이 남긴 크나큰 업적 중 주목해야 할 것은 어떤 것으로 얼마나 많은 사람을 움직였느냐 하는 것이다.

위대한 발명이나 발견, 또는 위대한 사상과 종교 역시 많은 사람의 공감을 얻었기에 지금까지 인정받는 게 가능했다. 아무리 뛰어난 생각 혹은 발견일지라도 남들의 공감을 얻지 못했다면 그것은 성공한 것이라고 볼 수 없다.

어떤 사람을 어떻게 움직여야 할 것인가는 각자에게 주어진 과제다. 그러면 자신에게 주어진 과제, 즉 어떤 사람들을 대상으로 할 것인가? 우선 이것부터 검토해야 한다. 자신이 처해 있는 상황에 따라 사람을 움직이는 기술 또한 달라질 테니까.

사람을 움직인다는 것은 우선 다른 사람을 자기 쪽으로 주목시키는 일이다. 그러기 위해서는 매력 있는 인품을 갖추어야 한다.

매력 있는 인품이란 눈으로 볼 수는 없지만 느낄 수 있는 성질의 것이다. 품위 있는 자태에 훌륭한 교육을 받은 사람이라 하더라도 대화 시 어쩐지 불쾌하고 갑갑하게 여겨지는 사람이 있는가 하면, 두드러지게 내세울 것은 없지만 대화를 나누다 보면 좀 더 가까이하고 싶은 사람이 있다. 후자 쪽의 인물이 그렇게 느껴지는 까닭은 상대가 매력 있는 인품의 소유자이기 때문이다.

매력이라는 것은 근사한 용모나 체격과는 무관하다. 따라서 선천적인 육체적 조건과 상관없이 누구나 노력 여하에 따라 매력 있는 인품을 갖출 수 있다.

매력 있는 인품을 갖춘 사람은 상대의 마음과 의지를 자신 쪽으로 이끌어서 그의 능력을 기꺼이 발휘하게 한다. 그런 인물이야말로 사람을 움직이며 사람을 활용할 줄 아는 리더라고 할 수 있다.

POINT ZONE

매력이라는 것은 근사한 용모나 체격과는 무관하다. 따라서 선천적인 육체적 조건과 상관없이 누구나 노력 여하에 따라 매력 있는 인품을 갖출 수 있다.

9
상대방의 호감을 사면
모든 일이 수월하다

예로부터 사람들은 위대한 인물에 대해서 절대적인 존경과 신뢰감, 동경심으로 열광하다 못해 맹목적으로 따르기까지 했다. 그러나 평범한 우리로서는 다른 사람들에게 그 정도의 관심을 끌기란 매우 어려운 일이다. 물론 그렇다고 타인에게 최대한 호감 사는 일을 안 할 수는 없다.

다른 사람들에게 호감을 얻으면 모든 일에 편리해진다. 그러나 그것만으로는 어쩐지 불안한 구석이 있다. "그 사람 좋기는 한데, 왠지 미덥지 않아"라는 식의 반응이 있을 수도 있기 때문이다. 따라서 한 걸음 더 나아가 상대에게 신뢰까지 얻으려면 '신용'이라는 무기를 지니지 않으면 안 된다.

신용은 여러 형태로 구축된다. 거짓말을 안 한다, 추진력이 있다, 술에 절도가 있다, 교제에 능하다, 언변이 뛰어나다, 계산에 밝다, 결단력이 있다, 행동이 민첩하다, 시간과 약속을 반드시 지킨다, 기획력이 있다, 늘 변함이 없다, 겸손하다, 사람을 부릴 줄 안다, 경영에 능숙하다, 끈기가 있다, 재주가 있다 등등…….

이런 여러 가지 장점 중에 몇 가지만 갖춰도 든든한 신용의 바탕이 되어줄 것이다.

'신용'이라는 재산은 가지고 태어나는 것이 아니다. 스스로 노력하고 실천할 때, 자기 것으로 만들 수 있다. 즉, 신용은 어느 한순간에 얻어지는 게 아니라 목표치의 몇 배나 되는 노력을 기울여야 얻을 수 있다.

'10년을 하루같이'라는 말이 있다. 신용을 얻기 위해서는 적어도 그 정도의 기간이 필요하다. 3년 동안의 신용 축적은 5년 동안의 발전을 가져오고, 마침내 10년이 되면 무엇과도 견줄 수 없는 큰 자산이 된다.

흔히 "저 사람은 믿을 만하다" 혹은 "저 친구는 신용할 수 없는 사람이다"라고 말한다. 사람은 무엇에 의하여 타인을 신용하거나 불신하게 되는 것일까. 그것은 뜻밖에도 사사로운 일에서 출발한다. 이를테면 평소에 시간을 잘 지킨다거나 입이 무겁다거나 등등에서 비롯된다. 신용은 이런 작은 사실의 누적에 의해 구축된다.

아래는 신용 쌓기의 토대가 되는 당연한 행위들에 대한 물음

항목이다.

 ① 상대방의 이야기를 잘 듣는가?

 ② 자기소개를 확실하게 하는가?

 ③ 인사를 기분 좋고 경쾌하게 하는가?

 ④ 감사 인사를 반드시 하는가?

 ⑤ 언어를 올바르게 구사하는가?

 ⑥ 시간을 잘 지키는가?

 ⑦ 상대방의 입장을 먼저 생각하는가?

 ⑧ 약속은 잘 지키는가?

 ⑨ 복장은 깨끗한가?

 ⑩ 일할 때, 상대방에게 이익이 가도록 고려하는가?

이 모든 사항이 신용 쌓기의 기본이다. 하지만 이를 지키고 있다는 것을 나만 인정해서는 안 된다. 다른 사람들이 인정해 줄 때까지 계속 노력해야 한다. 신용은 '신(信)'의 문자에서 보듯 다른 사람(人)들의 입으로 언급(言)될 때 비로소 생명력을 발휘하는 것이다.

POINT ZONE

'신용'이라는 재산은 가지고 태어나는 것이 아니다. 신용은 어느 한순간에 얻어지는 게 아니라 목표치의 몇 배나 되는 노력을 기울여야 얻을 수 있다. 스스로 노력하고 실천할 때, 자기 것이 될 수 있다.

10
모든 거래의
기본이 되는 신용

신용을 쌓으려면 다음의 사항을 실생활에 적용해야 한다.

첫째, 모든 서비스를 떠맡는다.

비즈니스맨이라면 특히 더 명심해야 할 사항이다. 상담이나
의뢰가 들어온다는 것은 어느 정도 신용이 확보되어 있다는 뜻
이다. 그러므로 상담, 의뢰가 들어오면 더더욱 신용도를 높이
기 위한 절호의 기회라 생각하고 어떤 일이든 기꺼이 맡도록
한다.

둘째, 효과 만점의 립서비스(lip-service)를 한다.

깍듯하게 인사하고, 진정으로 감사의 말을 전하며, 솔직하게
사죄하고 반성의 말을 건넨다. 이런 사람이라면 누구나 호감을
갖게 마련이다. 특별한 행위 없이 그저 '말'로만 하는 서비스인

데도 효과는 크다.

입에 발린 립서비스일 뿐이라며 거부감을 나타내는 사람도 있다. 그러나 위선적인 말로 상대방을 속이거나 우롱하려는 것이 아니기에 나쁠 게 없다.

보험설계사로서 억대 연봉을 받는 사람들이 있다. 그들에게는 공통점이 하나 있다. 아무런 보상이 없는데도 고객에게 꼬박꼬박 안부를 묻고 손 편지 등으로 마음을 전하는 것이다. 사소한 일 같지만 반복되는 이런 작은 행위로 큰 신뢰를 만들 수 있다.

비즈니스맨이 신뢰를 잃는 이유는 대체적으로 감정적이고, 다른 회사나 사람을 헐뜯고, 자기 이익만 내세우기 때문이다. 이것들은 모두 자기중심적인 발상에서 비롯된다.

이익, 만족감, 희망 등을 주는 이타적인 사람은 상대에게 신뢰를 얻을 수밖에 없다. 따라서 항상 '주고 또 준다'는 생각으로 상대를 대하라. 그러면 반드시 상대를 내 사람으로 만들 수 있을 것이다.

상대의 상황이나 기분을 고려하지 않은 전화 혹은 이메일 대신 편지로 소통해보라. 마음을 담은 몇 줄의 편지가 상대의 마음을 몇 배 더 감동시킬 것이다. 누구에게나 진심은 통하게 마련이다.

여섯째, 항상 최선을 다한다.

좋다고 판단한 것은 아무리 작은 일일지라도 최선을 다해야 한다. 최선을 다하다 보면 어느새 자기 실력으로 인정받게 될 것이기 때문이다. 최선을 다하는 것은 신용을 얻는 제일 빠른 지름길이다.

사람은 사람을 통해 모여든다. 돈도 사람을 통해 모인다. 정보 역시 사람을 통해 모이는 것이다. '사람'은 인생을 영위하는 데 최고의 재산이며 절대적인 힘이다. 그렇기에 신용이 중요한 것이다. 그야말로 신용은 모든 일의 근원인 것이다.

POINT ZONE

이익, 만족감, 희망 등을 주는 이타적인 사람은 상대에게 신뢰를 얻을 수밖에 없다. 따라서 항상 '주고 또 준다'는 생각으로 상대를 대하라. 그러면 반드시 상대를 내 사람으로 만들 수 있을 것이다.

11

신용을 앞세워
자만하지 말라

모든 분야에서 인정받고 싶지만 현실적으로 그렇게 만능이 될 수는 없다. 그러므로 우선 자신이 잘할 수 있는 것 중에 간판으로 내세울 만한 것을 두세 가지 골라, 이것만은 절대로 남에게 지지 않는다는 것을 보여주어야 한다. 이것저것 다 하려는 욕심을 부려 신용을 얻으려다가는 신용은커녕 실행조차 안 될 수도 있다.

또한 내세운 간판도 세월의 흐름에 따라 흐려지게 마련이다. 그렇게 되면 사람을 쓰는 것도, 움직이는 것도 잘되지 않는다. 그렇다면 신용을 계속 쌓으려면 어떻게 해야 할까?

그 신용을 지탱해주는 자신의 장점을 언제나 새롭게 갈고닦아야 한다. 장점도 관리하지 않으면 단점이 되고, 그러면 신용이 사라지기 때문이다.

신용을 얻고 난 후 가장 경계해야 할 것은 "이젠 됐다"고 안심해버리는 일이다. 대부분의 사람은 남들에게 신용을 얻으면 그것으로 만족하고 방심한 채 이제는 무슨 일을 해도 겁날 것이 없다고 호기를 부린다. 그러나 이것이야말로 신용을 여지없이 무너뜨리는 지름길이다.

신용을 얻으면 거기서 멈추지 말고 더욱 앞으로 나아가야 한다. 지금의 신용을 앞세워 하릴없이 자만하다가는 금세 신용이라는 힘은 소진될 것이다.

신용을 얻고 난 후 가장 경계해야 할 것은 "이젠 됐다"고 안심해버리는 일이다. 대부분의 사람은 남들에게 신용을 얻으면 그것으로 만족하고 방심한 채 이제는 무슨 일을 해도 겁날 것이 없다고 호기를 부린다. 그러나 이것이야말로 신용을 여지없이 무너뜨리는 지름길이다.

CHAPTER 8

기회를 살려
스스로 미래를 만들어라

1

최고의 타이밍을 잡아라

현대는 급변하는 시대다. 지금까지 해오던 것이 시대 변화에 따라 불합리해지고, 사회적인 기술 수준의 진보, 유행, 제도의 변혁 등으로 인해 기존의 것은 구식이 되고 있다.

그런 만큼 비즈니스맨은 변화에 민감하지 않으면 기회를 발견하기도, 또 어떤 일을 착수하기도 어려워진다. 기존의 것을 새롭고 더 합리적인 방향으로 전환시켜야만 살아남고 발전할 수 있는 것이다.

그러므로 이 변화의 시대에서, 지금까지 무리 없이 해오던 일이라고 해서 예전과 다름없이 해나가는 수준에 머무르고 있다면, 그것은 '일'을 하고 있는 것이 아니라 단순히 '업무'를 처리하고 있는 것에 불과한 것임을 깨달아야 한다.

어느 누구에게도 기회는 반드시 있게 마련이다. 이 기회의 타이밍을 잘 잡아야 한다. 따라서 '이것이다'라고 생각하는 기회가 생겼을 때는 무엇이든 보고, 듣고, 해보는 결단력을 발휘해야 한다. 바로 지금이 그 타이밍일지도 모르기 때문이다.

지금 우리나라는 '정보통신 강대국'이라 일컬어질 정도로 세계 정보통신 시장에서 위세를 떨치고 있다. 당연히 인재가 부족하여 이런 정보통신 인력을 둘러싼 환경은 크게 달라지고 있다. 이렇게 수요가 큰 업계에서는 사람도 그 나름대로 발전해갈 수 있다. 그러나 환경 요인이 좋아서 발전한 사람은 환경이 바뀌면 그 발전에 제동이 걸리게 마련이다. 그것은 순수한 자기 발전이 아닌 다른 힘에 의존했기 때문이다.

그에 비해 환경이 어떻게 변하든지 그 시대의 필요(기회)에 대응할 수 있는 지혜와 기술력을 가진 사람들이 있다. 이런 타입은 항상 자력에 의한 것이므로 정보통신 같은 환경을 맞이하더라도 얼마든지 더 발전할 역량을 가지고 있다. 또한 변화를 기회로 받아들일 수 있는 사람이며 변혁기에 자신을 충분히 살릴 수 있는 사람이기도 하다.

POINT ZONE

지금까지 무리 없이 해오던 일이라고 해서 예전과 다름없이 해나가는 수준에 머무르고 있다면, 그것은 '일'을 하고 있는 것이 아니라 단순히 '업무'를 처리하고 있는 것에 불과한 것임을 깨달아야 한다.

2
자기 개혁으로
미래를 준비하라

변화의 시대에서는 의욕과 행동력에 따라서 천재일우의 기회를 잡을 수 있다.

사실, 일찍부터 고도성장을 이룩했던 기업은 지금 주력 기업의 대열에 들지 못한다. 또한 불티나게 잘 팔리던 상품도 이미 주력 상품의 자리를 다른 것에 양보하고 있다.

이것은 비단 상품만 해당되는 것이 아니다. 과거 기업의 제일선에서 성공했던 주력 인재들 역시 지금 어떠한가? 과거의 성공 체험에만 의존하여 자기 변혁을 하지 못하고 시대에 대응하지 못한 채 옛 영광의 잔재만을 그리워하는 사람이 많다.

과거는 내일에 대한 지침이 되어야 한다. '앞으로는 어떻게 될 것인가'가 아니라 '앞으로 어떻게 되고 싶은가' 하는 적극적인 목표 설정이 요구되는 시대인 것이다.

여기에 기회를 살릴 수 있는 자기 개혁의 열쇠가 있다. 다시 말해, '어떻게 하고 싶은가'에 대한 가정 수립을 반복하여 거기서 성공에 대한 길을 모색해야 한다. 그것을 할 수 있는 사람이 '내일의 주력 인재'이자 기업이 요구하는 인재가 될 것이다.

POINT ZONE

과거는 내일에 대한 지침이 되어야 한다. '앞으로는 어떻게 될 것인가'가 아니라 '앞으로 어떻게 되고 싶은가' 하는 적극적인 목표 설정이 요구되는 시대인 것이다.

3

발전 가능성이
높은 사람과 낮은 사람의 차이는?

사람들은 대개 돈이나 물건을 잃어버리면 몹시 아까워한다. 하지만 돈은 잃어버렸어도 다시 일하면 얻을 수 있다. 물건 역시 대체품이 얼마든지 있다. 그러나 기회는 한 번 놓치면 다시 마주하기란 좀처럼 쉽지 않다.

지금과 같은 격변기에는 더더욱 새로운 기회가 언제 올지 누구도 예측할 수 없다. 그럼에도 사람들은 대부분 기회를 놓쳐도 그다지 애석해하지 않는다. 그것은 돈이나 물건은 눈에 보이고 떨어뜨리면 소리가 나지만, 기회는 눈에 보이지도 않고 잃어도 표가 나지 않기 때문이다.

'의식하는 마음'을 소유하고 있는 사람들은 기회를 확실하게 눈으로 보며, 어쩌다 그것을 놓치기라도 하면 금품을 잃은 것과는 비교도 할 수 없을 만큼 애석해하고 땅을 친다.

　사람은 '의식하는 마음'과 '의식하는 시각'을 가짐으로써 언제나 시대의 변화를 통찰해볼 수 있으며, 또한 거기에 숨어 있는 기회를 잡을 수 있다. 그리고 그 기회에 도전하는 행동력까지 갖추고 있다면 그 사람은 반드시 성공한다.

　리더십으로 분류하면, 세상에는 '리더가 될 사람'과 거기에 '따르는 사람', 두 종류밖에 없다. 이것을 다시 말하면, '자신을 살릴 수 있는 사람'과 '살릴 수 없는 사람'으로 표현할 수 있다. 살아간다는 것을 달리 표현한다면 '자신을 살리는 것'이다.

　'의식하는 마음'을 지닌다면 기회는 늘 우리 주변에 있음을 알 것이다. 그것을 살릴 수 있는지 없는지의 여부로 그 사람의 인생은 판가름이 난다.

　다음은 발전 가능성이 높은 사람의 특성이다.

　① 긍정적 사고형 : 모든 일을 좋은 쪽으로 받아들이고 생각한다. 낙천적이어서 상황이 나아질 것으로 생각하고, 추진력도 있다.

　② 순수 긍정형 : 모든 것을 순수한 마음과 눈으로 받아들인다. 과거나 첫인상만으로 판단하지 않고 모든 일을 긍정적으로 생각한다.

　③ 호기심형 : 새로운 것, 미지의 것 등등 모든 것에 관심을 갖는 타입이다.

④ 겸손형 : 누구에게든 차별의식을 갖지 않으며 스스로도 자신감이 있어서 겸손하다.

⑤ 장점 우선형 : 자신이나 타인의 장점을 먼저 발견하고 그것을 배양하려고 하는 타입이다. 장점을 키움으로써 결점을 제거하는 행동을 취한다.

⑥ 자력형 : 부하에게 맡겨야 할 것은 맡기며, 그럴 때 위험이나 책임은 스스로 진다.

⑦ 인내형 : 어려움을 인내 속에서 긍정적으로 받아들이며 불평하지 않는다. 그러나 목적을 향해서는 집념을 가지고 전진해간다.

⑧ 안정형 : 항상 안정된 마음 상태로 모든 일에 대처하고, 거시적인 안목과 균형 감각으로 상황을 판단한다.

⑨ 오기형 : 누구보다도 오기가 많은 편이지만 인정미가 있고 배려심이 깊다.

⑩ 교양형 : 자유롭고 개방적이며 유연하고 약속이나 질서를 잘 지킨다.

POINT ZONE

리더십으로 분류하면, 세상에는 '리더가 될 사람'과 거기에 따르는 사람', 두 종류밖에 없다. 이것을 다시 말하면, '자신을 살릴 수 있는 사람'과 '살릴 수 없는 사람'으로 표현할 수 있다. 살아간다는 것을 달리 표현한다면 '자신을 살리는 것'이다.

일하는 데 필요한
인재의 요건

어느 기업의 인사부장이 언젠가 이런 이야기를 들려주었다.

"우리 회사는 지금까지 소위 일류대학 출신을 채용의 첫째 조건으로 삼아왔습니다. 확실히 그들은 입사시험에서 거의 만점에 가까운 평가를 받은, 자질과 학력이 우수한 인재들이었지요. 하지만 막상 일을 시켜보면 의외로 신통치 못한 면이 많습니다. 그리고 차츰 의욕을 잃어 무기력해지는 사람도 있고요. 비즈니스맨은 활동성이 중요한 건데 그게 부족한 거지요. 그래서 최근에는 학력 중시 기준에서 전환하여 학창 시절에 스포츠를 했다거나 클럽 활동의 리더를 했었던 학생들을 채용해보았습니다. 바로 그들이 저희가 필요로 하던 사람들이더군요. 다소 실력은 뒤질지 모르지만 그들에게는 그것을 보충하고도 남을 만큼 일을 하는 데 몸으로 부딪치는 활동성이 있더군요. 어지간한 일은 뿌리를 뽑고 마는 끈기도 가지고 있었습니다. 일하는 데 필요한 인재는 수재가 아니라 순수함과 열의를 가진 인간임을 새삼 알게 된 셈입니다.”

이 인사부장의 말을 굳이 인용하지 않더라도 기업이 진정 필요로 하는 인재가 갖추어야 할 요건이 결코 수재나 특수한 재능이 아님을 알 수 있다.

그런데도 우리 주변에는 자기 스스로를, 일류대학을 나오지 않았다, 학력이 형편없다는 등의 이유를 내세워 부정적인 틀 속에 가두는 사람들이 많다. 그러다 결국 ‘일류대학도 못 나온 데다가 집안 배경도 없고 연줄도 없으니 어차피 내 인생은 별 볼 일 없어’ 하며 스스로 한계선을 그어버리는 사람들이 얼마나 많은가. 이런 생각은 성공하는 인생으로 가는 데 아무짝에도 도움이 안 되는 것이다.

일반적으로 인물의 가치를 학력, 직장, 집안, 재산 등등을 척도로 판단하곤 한다. 물론 이러한 잣대도 하나의 기준일 수 있다. 그렇다면 이런 것을 갖추지 못했다고 해서 인생의 승리자가 될 수 없다는 말인가?

인생 가치관은 사람 수만큼 다양하겠지만, 비즈니스 사회에서의 성공을 기준으로 했을 때 사실 이것은 그다지 큰 요인은 되지 못한다.

지금 세계적인 기업이 된 삼성, 현대도 이병철, 정주영 회장의 생존 당시에 이미 구축된 것이다. 아니 대기업까지 갈 필요도 없이, 주위를 둘러보면 무일푼에, 저학력에, 평범한 가정 출신의 CEO도 상당히 많다.

그 증거는 입사 후 10년, 20년이 지나면 분명히 나타난다. 입사할 때 거의 절대적 조건으로 보였던 기준들이 부장 승진할 때쯤 되어서는 거의 사문화(死文化)되어버리는 것이다.

어느 취업 잡지가 100대 기업 인사 담당자에게 '부장 승진 심사 때 무엇을 제1의 기준으로 삼는가'라는 설문 조사를 했는데, 그 결과를 보면 다음과 같다.

① 지도력 등 대인관계 능력(67%)

② 의욕과 추진력(62%)

③ 문제를 신속하고 정확하게 해결할 수 있는 능력(61%)

④ 자질과 비전을 갖고 있을 것(58%)

⑤ 과거의 실적 평가(55%)

이 밖에 업무에 대한 풍부한 지식(30%), 근속연수(17%) 순이었는데, 학력을 제1의 기준으로 삼는 회사는 고작해야 7퍼센트에 지나지 않았다.

그러므로 환경을 탓하거나 자신을 과소평가하지 말아야 한다. 인간의 생각은 행동을 만들고, 결국 그 사람의 운명까지 뒤바꿀 수 있다. 자기 능력을 과소평가하여 '이건 못한다', '저건 자신 없다'고 하지 말고, 기회를 만들어 일에 대한 흥미를 의식 적으로 불러일으켜야 한다. 이러한 긍정적인 사고야말로 우리 사회가 요구하고 있는 자기계발 능력이다.

기업에서 원하는 인재의 요건은 몸으로 부딪치는 활동성, 어지간한 일은 뿌리를 뽑고 마는 끈기, 순수함과 열의다. 환경을 탓하며 자신을 과소평가하지 말아야 한다. 인간의 생각은 행동을 만들고, 결국 그 사람의 운명까지 뒤바꿀 수 있다. 자기 능력을 과소평가하여 '이건 못한다, 저건 자신 없다'고 하지 말고, 기회를 만들어 일에 대한 흥미를 의식적으로 불러일으켜야 한다.

5

나의 장점을
파악하라

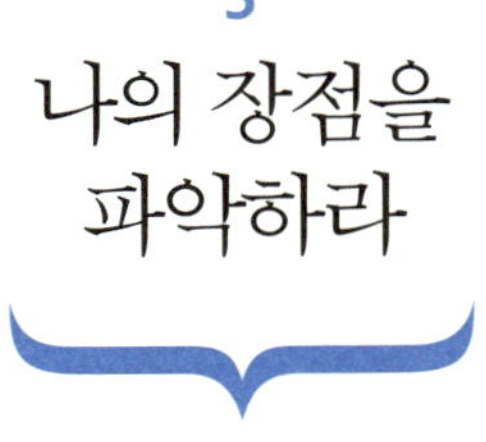

궁정적 사고를 하려면 우선 자신의 장단점을 확인해둘 필요가 있다. 다음의 세 가지 시각에서 자신의 장점을 적어보아라.

① 내 스스로가 생각하는 장단점
② 내 주위 사람이 평가해주는 장단점
③ 나와 교류가 적은 사람이 평가해주는 장단점

당신은 어떤가? 대개의 경우, 장점이 적고 단점이 많을 것이다. 그렇다고 실망하지는 말기 바란다.

사람들은 대개 단점에만 신경을 곤두세운다. 그래서 단점을 애써 감추려는 발상, 즉 부정적 발상의 행동을 취하게 된다.

그러나 단점을 털어내려고 하는 노력으로는 기껏해야 평균점 정도의 결과밖에 얻을 수 없다. 따라서 목표를 달성하기도 쉽지 않다.

여기서 긍정적 사고의 본질을 확인할 필요가 있다. 그것은 '얼마 안 되는 장점을 잘 살려서 많은 단점을 상쇄시키는 것'이다.

자신의 장점을 긍정적 사고로 정당하게 평가할 수 없는 사람은 세일즈 활동에서도 성공하기란 어렵다. 왜냐하면 고객의 마음을 잡아야 하는데, 자신의 장점을 모른다면 그 어떤 것으로도 무기를 삼을 수 없기 때문이다.

자신의 단점에 신경을 쓰다 보면 선배를 비롯해서 동료들까지 주위 사람들이 모두 우수하고 자신감 넘치는 경쟁 상대로 보이게 마련이다. 하지만 신경 쓸 것 없다. 진정한 라이벌은 나 자신이기 때문이다. 즉, 내 안에 나의 적이 있는 것이다.

그러므로 자신의 단점보다는 장점을 재확인하고, 장점을 더욱 부각시킬 수 있도록 노력함으로써 자신의 무기를 더욱 강화시켜라. 자연스럽게 고객이라는 이자가 붙어날 것이다.

자신의 장점을 긍정적 사고로 정당하게 평가할 수 없는 사람은 세일즈 활동에서도 성공하기란 어렵다. 왜냐하면 고객의 마음을 잡아야 하는데, 자신의 장점을 모른다면 그 어떤 것으로도 무기를 삼을 수 없기 때문이다.

6

꿈꾸고 생각하는 만큼
실현된다

요즈음 출판물을 보면 삽화 하나 없이 밋밋하게 활자만 있는 책은 거의 없다. 굳이 그럴 필요가 없을 것 같은데도 올 컬러로 찍고, 만화책이나 사진집인가 싶을 정도로 이미지가 화려하게 박혀 있다. 최소한 머리말이나 꼬리말에 선을 그어 멋을 부리거나 예쁜 약물을 넣는 식의 디자인을 한 책들도 부지기수다.

텔레비전이나 CD 등의 시각적인 것에 익숙해진 사람들의 관심을 끌기 위해서 그림으로 읽고, 일러스트로 이해하고, 들으면서 보는 것을 기획하는 시대다. 어려운 활자를 읽기보다 이해하기 쉬운 만화로 보는 역사책도 잘 팔리고 있다. 이 또한 변해가는 시대에 대응한 결과물이라고 할 수 있다.

이처럼 시대의 변화를 읽고 유연한 마음가짐을 가지고 대응해가는 밑바탕에는 긍정적 사고가 있다.

팔리지 않는 상품을 잘 팔리게 하기 위해서는 어떻게 해야 할까? 당신은 '어떤 방법으로 팔까?', '얼마에 팔까?', '언제 팔까?' 등등 파는 사람의 입장에서만 궁리하고 있지는 않은가? 이제는 시각을 달리해보자. 상대의 마음을 움직이기 위해 자신이 제공할 수 있는 장점들을 헤아려보는 것이다.

성공을 바라지 않는 사람은 없을 것이다. 그러나 그 누가 되었든 생각을 행동으로 옮기지 않고 실현할 수는 없다. 자신이 꿈꾸고 생각한 것만큼만 실현된다는 사실을 알아야 한다.

자기 능력을 믿고 약점까지도 무기로 삼는 긍정적인 사고로 가능성을 찾아보라. 물질적인 풍요 따위는 사회 구조의 변화로 하루아침에 '물거품'이 될 수도 있다. 그러나 스스로 익힌 것은 이자를 붙게 해주는 최고의 자산이다.

POINT ZONE

생각을 행동으로 옮기지 않고 실현할 수는 없다. 자신이 꿈꾸고 생각한 것만큼만 실현된다는 사실을 알아야 한다. 자기 능력을 믿고 약점까지도 무기로 삼는 긍정적인 사고로 가능성을 찾아보라.

7

배우고 익히려는 정신으로 실행하라

옛날부터 '장사하는 사람에게 학문은 쓸데없는 것'이라는 인식이 있었다. 지식만으로는 상품을 팔지 못한다는 의미다. 과연 정말 그럴까?

지금 상품이 팔리지 않는다! 그렇다면 당신은 어떻게 할 것인가?

문제가 발생했을 때, 학문을 배운 비즈니스맨들은 우선 그 해결책을 자신의 지식 속에서 찾는다. 반면, 베테랑 상인들은 자신의 경험을 토대로 해결책을 찾는다. 그래도 해결되지 않으면 무작정 발로 뛰어다닌다. 자기 눈으로 직접 보고 들으며 고객의 움직임을 몸으로 느낀 후, 최적의 해답을 찾아 새로운 길을 모색하는 것이다.

세상은 계속 변하고 있다. 그래서 새로운 상황, 새로운 난관, 새로운 문제점은 속출하게 마련이다. 이런 세상을 따라잡기 위해선 물론 지식이 필요하다. 그러나 지식만으로는 갖가지 돌발적인 상황에 완벽히 대응할 수 없다.

이때 필요한 것이 경험으로 축적한 실무 역량이다. 동물적인 육감(통찰력)이야말로 유능한 비즈니스맨의 필살기가 될 수 있다. 따라서 실적이 좋은 회사나 고객의 발길이 잦은 우수 점포들을 잘 관찰하면서 그것을 롤 모델로 삼아 마케팅의 실전 감각을 익혀야 한다.

좋은 비즈니스맨이 되고자 하는가? 그렇다면 무엇이든 끊임없이 배우고 익히려는 정신을 가지고 현장에 뛰어들라.

요즘 매스컴 광고에서 '기술의……'라고 시작하는 홍보 문구가 점차 사라지고 있다. '기술'이라든가 '하이테크'보다는 '좀 더 안락하고 좀 더 쾌적하게'라든가 '즐거운 생활' 등 감각적인 문구가 그 자리를 대신하고 있는 추세다.

제품의 '생산'이 최우선이었던 시대는 지나갔다. 먹고사는 데 급급했던 시대에서 풍요로운 시대로 진입했다. 그러다 보니 소비자들은 더욱 편리하고, 세심한 제품을 찾게 된 것이다.

풍요의 시대에서 중요한 것은 바로 '고객의 기분'이다. 아무리 품질이나 가격, 서비스가 좋은 상품이라 해도 고객의 코드에 맞지 않는다면 팔리지 않는다.

따라서 소비자의 시각으로, 생활인의 시각으로 그 감각을 고객에게 잘 전달해야 한다. 그러자면 상품의 진정한 의미, 즉 요즘 트렌드에 맞는 감각적인 가치가 들어 있어야 한다.

이를 염두에 둘 때 고객의 취향에 맞출 수 있는 비즈니스맨으로 성장할 수 있다. 좋은 비즈니스맨은 프로의식을 지녔으면서도 생활인의 감각으로 고객의 니즈를 간파한다.

POINT ZONE

문제가 발생했을 때, 학문을 배운 비즈니스맨들은 우선 그 해결책을 자신의 지식 속에서 찾는다. 반면, 베테랑 상인들은 자신의 경험을 토대로 해결책을 찾는다. 자기 눈으로 직접 보고 들으며 고객의 움직임을 몸으로 느낀 후, 최적의 해답을 찾아 새로운 길을 모색하는 것이다.

변화에 발맞춘
자기 혁신

'싫은 상사, 미운 상사'라는 주제로 조사한 설문 결과를 살펴
보자.

① 윗사람에게 자기주장을 하지 못하는 상사(31%)

② 업무 이외의 화제에 궁한 상사(29%)

③ 매사에 부정적이고, 과거만 들먹이는 상사(26%)

④ 유행이나 사회 변화에 관심이 없는 상사(21%)

⑤ 신입사원들과의 대화에 무관심한 상사(20%)

⑥ 문제 해결에 우유부단한 상사(20%)

⑦ 판단만 하고 행동으로 옮기지 않는 상사(19%)

⑧ 새로운 것의 수용을 두려워하는 상사(16%)

이 설문조사 결과를 통해 부하 직원들이 소극적인 상사를 싫어한다는 것을 알 수 있다. 이런 상사 밑에서 일하는 직원들은 무사안일주의의 상사 때문에 자기 발전의 싹이 짓밟히고 있는 셈이다.

직원들은 회사나 상사의 방침 혹은 목표가 너무 낮을 경우에 의욕을 잃어버린다. 반면, 종사 업계의 미래가 밝을 뿐만 아니라, 회사와 상사가 뚜렷한 목표를 가지고 그것을 향해 고군분투하는 모습을 확인할 때 열의를 갖게 된다.

사회 환경은 놀랄 만큼 빨리 변하고 있다. 사람들도 빠른 속도로 업그레이드해간다. 그런데도 자기 혁신을 하지 않고 어떻게 이 변화무쌍한 시대를 리드해갈 수 있겠는가. 혁신 없이는 절대로 발전할 수 없다.

기업의 격차는 인재의 격차라고도 할 만큼 기업의 전략적 자본이 상품이나 자금에서 '인재'로 옮아가고 있다. 사람의 역할에 그 기업의 내일이 걸려 있는 것이다. 그만큼 인간의 능력과 일에 대한 태도가 중시되고 있다.

돈이나 상품도 사람이 만들어낸 것에 불과하다. 따라서 사람이 가장 중요하다. 요즘은 상품의 개념을 잡는 데서부터 광고 홍보에 이르기까지 독창성과 창의성이 요구되고 있다. 이 역시 사람의 머리에서 나온다. 그러므로 이러한 시대 변화에 발맞춰 자기 혁신을 하고 과감히 도전해 나아가는 사람이 인재임은 두말할 나위가 없다.

사회 환경은 놀랄 만큼 빨리 변하고 있다. 사람들도 빠른 속도로 업그레이드해간다. 그런데도 자기 혁신을 하지 않고 어떻게 이 변화무쌍한 시대를 리드해갈 수 있겠는가. 혁신 없이는 절대로 발전할 수 없다.

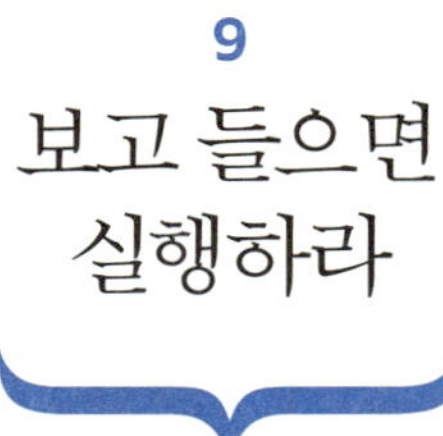

9
보고 들으면
실행하라

우수한 세일즈맨은 '고객의 소리'에 귀를 기울인다. 고객이 요구하는 것을 간파하여 실행력을 동원해 그 니즈를 충족시켜 준다. 그들은 고객의 고충이나 문제를 자기 과제로 삼을 뿐만 아니라, 문제의 핵심을 꿰뚫어 최선의 해결책을 마련한다.

'고객의 소리'에는 영업이 나아가야 할 방향에 관한 힌트가 숨어 있다. 이를 바탕으로 세일즈맨은 적극적이고 행동적인 데다가 오지랖이 넓게 무슨 일이든 체험해보려는 무모한 기질을 발산해야 한다. 물론 이 모든 것을 추동할 수 있는 관찰이 선행되어야 함은 두말할 것도 없다.

이러한 기질을 체화하기 위해서는 보고 또 보고, 듣고 또 들어야 한다. 뛰어난 영업 감각을 지닌 사람들은 예외 없이 이 과정을 끊임없이 반복했다.

그다음, 정말 중요한 것은 당장 실행에 옮기는 일이다. 실행 없는 영업 감각은 그게 아무리 뛰어날지라도 쓸모가 없다.

실적이 오르지 않는가? 그렇다면 현재의 감각을 다시 점검 해보라. 지속적으로 보고 들으며 영업 감각을 업그레이드하라. 그리고 그 정보를 바탕으로 당장 실행에 옮겨라. 그러면 곧 유능한 세일즈맨으로 거듭나 있을 것이다.

POINT ZONE

'고객의 소리'에는 영업이 나아가야 할 방향에 관한 힌트가 숨어 있다. 이를 바탕으로 세일즈맨은 적극적이고 행동적인 데다가 오지랖이 넓 게 무슨 일이든 체험해보려는 무모한 기질을 발산해야 한다.

10

기업이 원하는
적극적인 인간형

기업의 업무 영역 중 가장 뒤처져 있는 것은 인사 문제다. 대기업은 그런 대로 잘 이뤄지고 있지만 중소기업은 아직도 주먹구구식이다. 대과(大過) 없는 한 퇴출당하지도 않고 근속년수가 쌓일수록 월급이 오른다. 말하자면, 능력이나 재능보다도 연공서열(年功序列)이 우선인 분위기다.

물론 연공서열보다 능력을 중시하는 기업이 늘어가고 있고 갈수록 확대될 전망이다. 능력주의가 이미 정착해 있는 기업을 보면 조직원들에게 다음과 같은 조건을 강조하고 있다.

- 항상 자기 혁신을 꾀하고 있는가?
- 변화를 두려워하지 않는가?

- 부정적 사고가 아닌 긍정적인 발상이 가능한가?
- 상황 변화에 적응할 만큼 유연한가?
- 목적의식을 갖고 있는가?
- 성공에 대한 열망이 치열한가?

이렇듯 기업은 부여된 일에만 매달려 묵묵히 노력하는 소극적인 타입보다는 호기심과 창의력을 가지고 한 치 앞을 예견하는 적극적인 타입을 선호한다.

 **POINT ZONE**

기업은 부여된 일에만 매달려 묵묵히 노력하는 소극적인 타입보다는 호기심과 창의력을 가지고 한 치 앞을 예견하는 적극적인 타입을 선호한다.

11

성공의 프레임,
생각→행동→습관→운명

프로는 전문적인 분야만 통달해서는 안 된다. 지금까지는 외골수처럼 오로지 자기 분야에만 능통하면 그걸로 족했다. 그러나 앞으로는 가면 갈수록 폭넓은 지식과 경험을 갖춘 인재가 더 인정받을 것이다.

기술혁신과 사회 환경이 급변할수록 가장 필요한 것은 미래에 대한 정확한 예측 능력이다. 삼성이 스마트폰 분야에서, LG가 텔레비전 분야에서, 현대가 자동차 분야에서 두각을 나타낼 수 있었던 것은 세계 시장의 흐름을 먼저 읽었기 때문이다.

따라서 선도자가 되려면 복합적인 사고를 가지고 '무엇이든 해보자', '어떤 일이든 경험해보자', '다른 분야의 사람들과도 교제해보자'라는 적극적인 마음가짐으로 무장해야 한다.

편견을 버리고 자기 틀이나 고정관념을 갖지 말 것이며, 유연한 생각과 모든 일을 순수하게 받아들일 수 있는 마음가짐이 필요하다. 언제나 자기 위주가 아닌, 뭐든지 다 수용할 수 있는 마인드가 필요한 것이다.

한곳에 고여 흐르지 않는 물은 썩는다. 변화를 두려워하여 지금까지 해온 것만을 고수하고, 습관에 따라 움직이며 안정만 추구하는 사람은 기업이나 사회에 거의 도움이 안 된다. 심하면 해악을 끼치는 존재가 된다. 따라서 성장을 계속하고자 한다면 현재의 틀을 끊임없이 깨야 한다.

이 세상에는 여전히 모르는 것이 얼마나 많은가! 새로운 무엇인가가 하루에도 수천 가지씩 생겨나고 있는 지금, 유연한 사고와 싱싱한 감성으로 의식 혁명을 일으켜야 한다. 나의 미래는 내가 만드는 것이다. 의식 혁명도 바로 나 자신이 할 수밖에 없다.

혁명은 생각을 바꾸는 것에서부터 시작된다. 생각이 바뀌면 행동이 바뀌고, 그게 거듭되면 습관이 바뀌고, 습관은 결국 운명을 바꾼다.

POINT ZONE

한곳에 고여 흐르지 않는 물은 썩는다. 혁명은 생각을 바꾸는 것에서부터 시작된다. 생각이 바뀌면 행동이 바뀌고, 그게 거듭되면 습관이 바뀌고, 습관은 결국 운명을 바꾼다.

12
새내기 여직원?
전문가로 성장하라

새내기 여직원이 전문가로 성장하려면 다음의 원칙을 실행에 옮겨야 한다.

첫째, 업무를 빨리 배워라.

과거엔 여성들이 직장에서 중요 업무를 맡는 경우가 드물었다. 하지만 요즘엔 사정이 달라졌으므로, 처음에 허드렛일을 맡을지라도 빠른 시일 내에 업무를 배우겠다는 일 욕심으로 최선을 다해야 한다. 일단 맡은 업무에서 인정받으면 전문가로 가는 그 다음 단계가 열릴 것이다.

둘째, 자기계발을 꾸준히 하라.

직장에선 이미 갖춘 능력을 최대한 발휘하면서 생활한다. 그러나 거기에 만족해선 안 된다. 매일 익숙한 업무만 안이하게 반복한다면 장기적으로는 발전을 기대할 수 없다.

점심시간 같은 자투리 시간을 활용해서라도 어학 등을 공부하는 노력이 필요하다. 특히 고교 졸업 후 바로 직장생활을 하는 여성들이라면 방송대학, 야간대학, 사이버대학을 준비하는 것도 좋다.

셋째, 경제신문을 꼭 읽고 재테크를 하라.

직장에서 하는 일 가운데 경제와 관계 없는 것은 거의 없다. 새로운 정보와 개념을 익히기 위해서라도 경제신문을 꼭 봐야 한다. 경제신문을 몇 달만 꾸준히 보면 경제 문제를 보는 시야가 몰라보게 확장될 것이다.

이제 여성들도 당당한 사회생활을 꾸리기 위한 재테크가 필요해졌다. '일찍 일어나는 새가 벌레를 많이 잡는다'는 속담처럼 직장 새내기 때부터 혼수자금이나 독립자금을 조금씩 모아야 한다.

넷째, 목표와 계획을 꼭 세워라.

처음 직장생활을 시작하자면 새로운 업무를 배우고 사람들을 사귀느라 정신이 없다. 이렇게 지내다 보면 2~3년은 금세 지나가고, 결국 '뭘 했는지 모르겠다'며 후회하게 마련이다.

장단기 계획을 세우고 실행하는 습관을 들이자. 그리고 지속적으로 반성의 시간을 갖는다면 보람된 생활을 영위할 수 있을 것이다.

다섯째, 다양한 분야에 관심을 가져라.

직장생활을 시작하면 아무래도 평소 잘 관심을 갖지 않았던 정치, 법률, 회계, 무역 분야 등의 이슈가 대화 주제로 많이 올라온다. 이 분야에 대해 어느 정도 인지하지 않으면 남자 직원들과의 대화나 모임에서 소외되기 십상이다. 따라서 다양한 분야에 관심을 갖고 지식을 익혀가야 한다.

POINT ZONE

직장에선 이미 갖춘 능력을 최대한 발휘하면서 생활한다. 그러나 거기에 만족해선 안 된다. 매일 익숙한 업무만 안이하게 반복한다면 장기적으로 발전을 기대할 수 없다.

직장생활 잘하는 대화법

초판 1쇄 인쇄 2013년 8월 5일
초판 1쇄 발행 2013년 8월 13일

지은이 | 한시민
펴낸이 | 김의수
펴낸곳 | 레몬북스(제 396-2011-000158호)
주　소 | 경기도 파주시 문발동 535-7 세종출판벤처타운 404호
전　화 | 070-8886-8767
팩　스 | (031) 955-1580
이메일 | kus7777@hanmail.net
ⓒ 레몬북스

ISBN 979-11-85257-00-6 (13320)

※ 잘못 만들어진 책은 구입처에서 교환 가능합니다.

「이 도서의 국립중앙도서관 출판시도서목록(CIP)은 서지정보유통지원시스템 홈페이지(http://seoji.nl.go.kr)와 국가자료공동목록시스템(http://www.nl.go.kr/kolisnet)에서 이용하실 수 있습니다. (CIP제어번호: CIP2013013304)」